Theorie

Herausgegeben von
Jürgen Habermas, Dieter Henrich und Jacob Taubes
Redaktion Karl Markus Michel

Goodmans Buch *Fact, Fiction, and Forecast* (1955) spielt in der angelsächsischen wissenschaftstheoretischen Diskussion eine große Rolle. Es spielte diese Rolle eigentlich schon vor seinem Erscheinen, seit Goodman 1946 einen Aufsatz über das Problem der irrealen Bedingungssätze veröffentlicht hatte – ein Problem, das ihn und andere seitdem wiederholt beschäftigte. Sieben Jahre später versuchte er es in drei Londoner Vorlesungen zu lösen. Diese Vorträge von 1953 bilden, zusammen mit dem Aufsatz von 1946, den Grundtext des Buches von 1955, das wiederum zu lebhaften Diskussionen (u. a. mit Hempel, Scheffler, Quine) führte, die sich in den Neuauflagen von 1965 und 1973 niederschlugen.

Das Problem der irrealen Bedingungssätze ist sozusagen die Alltags- oder Primitivform des wissenschaftstheoretischen Problems der (kontrafaktischen) Hypothese. Goodman untersucht den logischen Status solcher Sätze, ihre Beziehung zum Wirklichen, zum Möglichen, zum Zukünftigen. Dabei entwickelt er eine Theorie der Fortsetzbarkeit von Hypothesen und Voraussagen, der Fortsetzung überhaupt; die Grenze zwischen berechtigten und unberechtigten Voraussagen bestimmt sich danach, wie die Welt jeweils sprachlich beschrieben und »fortgesetzt« wird.

Nelson Goodman ist Professor der Philosophie an der Harvard-Universität. Von seinen Publikationen erschienen bisher in Deutsch: *Sprachen der Kunst*, Theorie 1973.

Nelson Goodman

Tatsache, Fiktion, Voraussage

Suhrkamp Verlag

Titel der Originalausgabe: *Fact, Fiction, and Forecast.*
1955, 1965, 1973.
Aus dem Englischen von Hermann Vetter

Erste Auflage 1975
© Suhrkamp Verlag Frankfurt am Main 1975. Alle Rechte vorbehalten.
Satz, in Linotype Garamond, und Druck bei Nomos Verlagsgesellschaft
Baden-Baden. Printed in Germany

Inhalt

DIE PROBLEMSITUATION
1946

EIN LÖSUNGSVERSUCH
1953

Vorwort zur dritten Auflage

Erfreulicherweise lassen sich die drei Regeln aus dem letzten Kapitel der ersten Auflage, die in der zweiten Auflage auf zwei zurückgeführt wurden, jetzt auf eine zurückführen. In der zweiten Auflage wurde die zweite der drei Regeln fallen gelassen, da ich gefunden hatte, daß die Fälle, für die sie gedacht war, unter die erste Regel fallen. Jetzt ist auch die dritte der ursprünglichen Regeln überflüssig geworden, indem die erste leicht abgeändert wurde und ausdrücklich festgestellt wird, daß eine Hypothese zu einer bestimmten Zeit weder fortsetzbar noch unfortsetzbar zu sein braucht, sondern nicht-fortsetzbar sein kann. Demgemäß wurde Abschnitt 4.4 neu geschrieben, und in Abschnitt 4.5 wurden die notwendigen Änderungen angebracht.

Für dieses wie auch eine Reihe anderer Ergebnisse verdanke ich sehr viel Robert Schwartz und Israel Scheffler. Unser gemeinsamer Bericht erschien im *Journal of Philosophy* 67 (1970), S. 605–608 unter dem Titel »An Improvement in the Theory of Projectibility«.

In der ziemlich ausgedehnten Diskussion um dieses Buch sind einige interessante Gesichtspunkte aufgetaucht. Schefflers Untersuchung der selektiven Bestätigung ebnete Marsha Hanens überzeugender Argumentation den Weg, daß die ganzen bekannten sogenannten Adäquatheitsbedingungen für die Bestätigung entbehrlich seien. Wolfgang Stegmüller hat die Auffassung widerlegt, »Anti-Induktivisten« der Schule Karl Poppers kämen um das neue Rätsel der Induktion herum. Elizabeth Shipley hat ganz mit Recht bemerkt, daß neben der Anzahl der Fortsetzungen auch Faktoren wie ihre Bedeutsamkeit, Verschiedenartigkeit und Humesche »Lebendigkeit« zur Verankerung eines Prädikats beitragen. Andere Autoren haben auf weitere Mängel des Versuchs hingewiesen, die maßgebenden Bedingungen für irreale Bedingungssätze abzustecken; doch da dieser Versuch hier (1.2) ohnehin aus anderen Gründen verworfen wird, sind weitere schwache Punkte von geringerem Interesse. Einige aus der zweiten Auflage übernommene kurze Einschränkungen und Klärungen ergaben sich aus Diskussionen mit Scheffler, C. G. Hempel und Howard Kahane, dem in einem besonderen Sinne Dank gebührt: ironischerweise haben seine ständigen Versuche, die ganze Theorie der Fortsetzbarkeit durch Gegenbeispiele zu Fall zu bringen, statt dessen gezeigt, daß diese zugegebenermaßen vorläufige und bruchstückhafte Theorie mit einigen Abänderungen und Vereinfachungen brauchbarer und standfester ist, als ich angenommen hatte.

Zu den häufigsten Fehlern in den Diskussionen über dieses Buch gehört, daß folgendes nicht erkannt wurde: (1) daß sich die Fortsetzbarkeit einer Hypothese gewöhnlich mit der Zeit ändert; (2) daß auch ein seit vorgeschichtlicher Zeit vorhandener Smaragd, der grün bleibt, doch grot sein kann; (3) daß das Haupthindernis für einen nichtpragmatischen Ausschluß von »grot-ähnlichen« Prädikaten darin besteht, daß es keine nichtzirkuläre Definition von »grot-ähnlich« gibt; (4) daß sich die Erörterung der Möglichkeit in Kapitel 2 nicht mit der Frage beschäftigt, die entsteht, wenn man sagt, etwas könne tatsächlich ein Soundso sein oder nicht sein, sondern wenn man sagt, etwas

sei tatsächlich kein Soundso, aber doch ein mögliches Soundso; (5) daß fortsetzbare Hypothesen oder Prädikate
nicht anhand des Überlebens der Tüchtigsten definierbar
sind, da zu jeder Zeit gleich viele gestützte, unwiderlegte
und nicht ausgeschöpfte Hypothesen fortsetzbar und nicht
fortsetzbar sind; und (6) daß meine Analogie zwischen
der Rechtfertigung der Induktion und der Deduktion gar
nichts mit der offensichtlichen Tatsache zu tun hat, daß
jeder gültige deduktive, aber nicht jeder gültige induktive
Schluß von wahren Voraussetzungen zu einer wahren Folgerung führt.

Einige dieser Dinge, positive wie negative, werden etwas
ausführlicher diskutiert in meinem Buch *Problems and
Projects* (Bobbs-Merrill, 1972, Kap. 8), konnten aber in
den vorliegenden Text nicht einbezogen werden.

Neben der erwähnten wichtigen Verbesserung wurden in
dieser Auflage mehrere kleinere Änderungen vorgenom-
men, und Samuel Scheffler stellte ein neues Stichwort-
verzeichnis her.

Harvard University, März 1973   *Nelson Goodman*

Einleitung

Die folgenden Kapitel wurden alle ursprünglich als Vorlesungen gehalten. Die erste fand sieben Jahre früher und einige tausend Kilometer entfernt von den anderen statt, doch alle vier bilden einen fortlaufenden Denkansatz zu einer eng zusammenhängenden Gruppe von Problemen. Nur die erste wurde schon veröffentlicht.

Im Sommer 1944 hatte ich ein Manuskript mit dem Titel »Zwei Versuche über das Nichtsein« fast abgeschlossen. Der erste Aufsatz erklärte den irrealen Bedingungssatz, der zweite griff bei der Behandlung der Möglichkeit und der Dispositionen auf diese Erklärung zurück. Doch ein paar kleinere Schwierigkeiten im ersten Aufsatz mußten noch behandelt werden, diese führten zu weniger geringfügigen, und ein paar Wochen später waren meine beiden Aufsätze nicht mehr Abhandlungen über, sondern selbst Beispiele für das Nichtsein.

Ich ergriff den dünnen tröstenden Strohhalm des Wissenschaftlers, daß Mißerfolg ebenso bedeutsam sei wie Erfolg, und berichtete über die genaue Geschichte dieser Enttäuschung in einem Vortrag in New York im Mai 1946, der einige Monate später im *Journal of Philosophy* unter dem Titel »The Problem of Counterfactual Conditionals« erschien.

Die unzähligen Aufsätze, die seitdem veröffentlicht wurden, haben bei der Lösung des Problems so wenig Fortschritte gebracht, daß heute alle Auffassungen vertreten werden, von der, es gebe gar kein solches Problem, bis zu der, es sei unlösbar. Keine dieser extremen Ansichten ist sehr gut begründet. Für die erste wird gewöhnlich angeführt, man könne jedenfalls theoretisch in der Wissenschaft ohne irreale Bedingungssätze auskommen. Doch wie dem auch sei, wir wissen überhaupt noch nicht, wie man ohne sie (oder einen erkennbaren Ersatz für sie) in der Philosophie auskommen könnte. Für die Auffassung, das Problem sei unlösbar, werden manchmal paradoxe irreale Bedingungssätze angeführt, die den gesunden Menschenverstand verwirren. Doch aus solchen Beispielen folgt nicht die Unlösbarkeit des Problems; denn wenn man eine Interpretation finden kann, die mit den klaren Fällen zurechtkommt, kann man die unklaren auf sich beruhen lassen.

Die Tendenz, das Problem als unlösbar oder als Scheinproblem abzutun, ist natürlich angesichts der wiederholten vergeblichen Bemühungen um eine Lösung verständlich. Doch man steht hier nicht einem einzelnen isolierten Problem gegenüber, sondern einer eng zusammenhängenden Gruppe von Problemen. Geht man einem von ihnen aus dem Wege, so steht man gewöhnlich ganz ähnlichen Schwierigkeiten gegenüber, wenn man sich mit den anderen befassen will. Und wenn man alle Probleme der Disposition, der Möglichkeit, des wissenschaftlichen Gesetzes, der Bestätigung u. ä. fallen läßt, dann gibt man faktisch die Wissenschaftstheorie auf.

Einige Jahre lang beanspruchte die Arbeit an einem Buch über andere Fragen den größten Teil meiner Zeit; doch nachdem *The Structure of Appearance* 1951 erschienen war, wandte ich mich wieder dem Problem der irrealen Bedingungssätze und verwandten Problemen zu – und drehte mich genau wie vorher wieder im Kreise. Als mich

1952 die University of London zu Vorträgen im darauffolgenden Jahr einlud, machte ich mich in der Überzeugung an die Arbeit, daß ein neuer Ansatz gefunden werden mußte. Die Ergebnisse dieser Arbeit wurden in drei Vorträgen vorgelegt, die in London im Mai 1953 unter dem allgemeinen Titel »Fact, Fiction, and Forecast« gehalten wurden.

Der erste Teil des vorliegenden Buches ist die im wesentlichen unveränderte Arbeit »The Problem of Counterfactual Conditionals«; der zweite (Kapitel 2–4) besteht aus den drei Londoner Vorträgen, die jetzt zum erstenmal gedruckt werden. Sie wurden etwas überarbeitet und mit ziemlich umfangreichen Anmerkungen versehen. Die größte Veränderung, die viele Ergänzungen und Verbesserungen umfaßt, besteht im Ausbau des letzten Viertels des letzten Vortrags zur zweiten Hälfte des vierten Kapitels. C. G. Hempel verdanke ich viele nützliche Anregungen, und Elizabeth F. Flower danke ich für wertvolle Hilfe bei der Redaktion.

Die beiden Teile des Buches hängen auf die beschriebene Weise eng miteinander zusammen; es wurde aber nicht versucht, sie zu einem einheitlicheren Ganzen umzuarbeiten. Gelegentliche Wiederholungen und geringe Unstimmigkeiten zwischen den Arbeiten von 1946 und 1953 blieben unverändert. Der Leser, der den Aufsatz über die irrealen Bedingungssätze bereits kennt oder sich mit diesen technischen Fragen nicht auseinandersetzen möchte, wird also im zweiten Teil ein mehr oder weniger in sich abgeschlossenes Ganzes vorfinden; andere Leser finden im ersten Teil eine im wesentlichen unveränderte Beschreibung der Verhältnisse, von denen die Londoner Vorträge ausgingen. Für Laien und Studienanfänger empfiehlt es sich vielleicht, den zweiten Teil zuerst zu lesen.

Ich habe durchweg alltägliche, ja triviale Beispiele gewählt, keine anspruchsvolleren aus den Wissenschaften; denn mir scheint, daß Beispiele, die für sich selbst das geringste Interesse beanspruchen, am wenigsten von dem Problem oder dem Grundsatz ablenken, der erläutert werden soll. Hat der Leser einen Gesichtspunkt erfaßt, so kann er selbst gewichtigere Anwendungen finden. Wenn ich also von eingefrorenen Kühlern und der Farbe von Murmeln rede, die in Chemie- oder Physikbüchern selten vorkommen, so fällt das doch unmittelbar in das Gebiet der Wissenschaftstheorie.

Bis jetzt werden wir nur mit einigen Seiten einiger Probleme fertig. Wir müssen für die Untersuchung einige einfache Aspekte der Wissenschaft isolieren, ganz wie die Wissenschaft einige einfache Aspekte der Welt isolieren muß; und in der Philosophie sind wir noch weniger weit als in der Wissenschaft. Zugegeben, wir arbeiten mit Übervereinfachungen; doch wenn diese bewußt und vorsichtig erfolgen, sind sie alles andere als eine geistige Sünde, sondern eine Vorbedingung der Analyse. Man kann gewiß nicht auf einmal alle Weisen untersuchen, auf die alles mit allem zusammenhängt.

Vier Vorträge geben keine Abhandlung. Sie sind ein Bericht über laufende Arbeiten, von denen ich mir Fortschritte erhoffe. Man könnte sie als erste Gedanken zu einer entfernten Fortsetzung von *The Structure of Appearance* sehen. Doch zum Verständnis der vorliegenden Arbeit ist eine Kenntnis dieses Buches oder der symbolischen Logik nicht erforderlich.

Die Problemsituation
1946

Das folgende Kapitel wurde ursprünglich als Vortrag vor dem New York Philosophical Circle am 11. Mai 1946 gehalten und mit einigen Änderungen veröffentlicht im *Journal of Philosophy* 44 (Februar 1947), S. 113–128. Die vorliegende Fassung enthält nur geringfügige Veränderungen.

1. Das Problem der irrealen Bedingungssätze[1]

1.1 Das Problem im allgemeinen

Die Analyse der irrealen Bedingungssätze ist keine pedantische kleine Grammatikübung; kann man diese Sätze nicht interpretieren, so kann man kaum behaupten, über eine brauchbare Wissenschaftstheorie zu verfügen. Eine befriedigende Definition des wissenschaftlichen Gesetzes, eine befriedigende Theorie der Bestätigung oder der Dispositionsausdrücke (und dazu gehören nicht nur Prädikate wie »löslich« und »brennbar«, sondern fast alle objektiven Prädikate wie »rot«) würden einen großen Teil des Problems der irrealen Bedingungssätze lösen. Umgekehrt würde dessen Lösung entscheidende Fragen über Gesetz, Bestätigung und den Sinn der Möglichkeit beantworten.

Ich behaupte keineswegs, das Problem der irrealen Bedingungssätze sei logisch oder psychologisch das erste dieser miteinander zusammenhängenden Probleme. Es macht wenig aus, wo man anfängt, wenn man nur vorankommt. Die Untersuchung der irrealen Bedingungssätze hat bisher diese pragmatische Prüfung nicht bestanden, doch die anderen Ansätze schneiden kaum besser ab.

Worin besteht also das *Problem* bei den irrealen Bedingungssätzen? Beschränken wir uns auf diejenigen, bei denen Vordersatz und Nachsatz unabänderlich falsch sind

---

1 Was ich an verschiedenen Punkten den Arbeiten von C. I. Lewis verdanke, dürfte so offensichtlich sein, daß es im einzelnen keiner Erwähnung bedarf.

– etwa wenn man von einem Stück Butter, das gestern
aufgegessen wurde und nie erwärmt worden ist, sagt:

> Wenn dieses Stück Butter auf 65° C erwärmt worden
> wäre, wäre es geschmolzen.

Als Wahrheitsfunktionen sind natürlich alle irrealen Bedingungssätze wahr, da ihre Vordersätze falsch sind. Daher würde

> Wenn dieses Stück Butter auf 65° C erwärmt worden
> wäre, wäre es nicht geschmolzen

ebenfalls gelten. Offenbar geht es um etwas anderes, und
das Problem besteht darin, die Umstände zu definieren,
unter denen ein gegebener irrealer Bedingungssatz gilt,
nicht aber der entsprechende, bei dem der Nachsatz durch
sein Negat ersetzt ist. Und dieses Wahrheitskriterium muß
angesichts der Tatsache aufgestellt werden, daß ein irrealer
Bedingungssatz naturgemäß nie direkt empirisch geprüft
werden kann (dazu müßte man seinen Vordersatz wahr
machen).

In gewissem Sinne ist der Name »Problem der irrealen
Bedingungssätze« irreführend, denn das Problem hängt
nicht von der Form ab, die man einer bestimmten Aussage
gerade gibt. Das Problem der irrealen Bedingungssätze
ist gleichermaßen ein Problem der realen, denn jeder
irreale Bedingungssatz läßt sich in einen Bedingungssatz
mit wahrem Vorder- und Nachsatz umformen, etwa:

> Da diese Butter nicht geschmolzen ist, ist sie nicht
> auf 65° C erwärmt worden.

Die Möglichkeit einer solchen Umformung hat freilich

18

keine große Bedeutung, außer was die Klärung unseres Problems betrifft. Das »da« in der Kontraposition zeigt, daß es um eine bestimmte Verbindung zwischen den beiden Teilsätzen geht, und die Wahrheit derartiger Aussagen – ob sie nun die Form eines irrealen oder eines realen Bedingungssatzes oder sonst eine haben – hängt nicht von der Wahrheit oder Falschheit der Bestandteile ab, sondern davon, ob die entsprechende Verbindung besteht. Wenn man die Möglichkeit von Umformungen in Betracht zieht, so soll das hauptsächlich die Aufmerksamkeit auf das wesentliche Problem lenken und Spekulationen über die irrealen Bedingungssätze entgegenwirken. Ich beginne zwar meine Untersuchung mit den irrealen Bedingungssätzen als solchen, doch man muß sich vor Augen halten, daß eine allgemeine Lösung die Art der bestehenden Verbindung unabhängig von jeder Voraussetzung bezüglich der Wahrheit oder Falschheit der Teilsätze erklären würde.

Eine kurze Betrachtung verdient die Wirkung der Umstellung auf Bedingungssätze einer anderen Art, die ich »halbreale« nennen möchte. Wenn man sagt

> Auch wenn das Streichholz angestrichen worden wäre, hätte es sich doch nicht entzündet,

so würde man die Kontraposition ganz bestimmt nicht als gleich guten Ausdruck für das Gemeinte anerkennen:

> Auch wenn das Streichholz sich entzündete, wurde es doch nicht angestrichen.

Wir wollten ja nicht sagen, das Sich-nicht-Entzünden könne aus dem Anstreichen gefolgert werden, sondern nur, das Sich-Entzünden könne nicht aus dem Anstreichen gefolgert werden. Gewöhnlich verneint ein halbrealer Bedingungssatz das, was der umgekehrte, irreale Bedingungssatz behauptet. Der Satz

> Auch wenn das Streichholz angestrichen worden wäre, hätte es sich doch nicht entzündet

ist gewöhnlich als unmittelbare Verneinung von

> Wenn das Streichholz angestrichen worden wäre, hätte es sich entzündet

gemeint. Das heißt: daß eine bestimmte Verbindung zwischen Vorder- und Nachsatz besteht, das wird in der Praxis von vollständigen irrealen Bedingungssätzen behauptet, von halbrealen verneint.[2] Damit ist klar, warum ein halbrealer Bedingungssatz im allgemeinen nicht die gleiche Bedeutung wie seine Kontraposition hat.

Es gibt verschiedene Unterarten irrealer Bedingungssätze, die besondere Probleme aufwerfen. Beispiele sind »identitätswidrige Bedingungssätze«, etwa:

> Wenn ich Julius Cäsar wäre, würde ich nicht im 20. Jahrhundert leben

und

---

2 Die praktische Bedeutung eines halbrealen Bedingungssatzes unterscheidet sich also von seiner wörtlichen. Wörtlich genommen, sind ein halbrealer und der entsprechende irreale Bedingungssatz nicht zueinander kontradiktorisch, sondern konträr, und beide können falsch sein (vgl. Anm. 9 zu Kap. 1). Die Hilfswörter »auch« und »doch«, oder auch nur eines davon, sind vielleicht das sprachliche Zeichen dafür, daß eine nicht ganz wörtliche Bedeutung gemeint ist.

Wenn Julius Cäsar ich wäre, würde er im 20. Jahrhundert leben.

Hier sagt der Vordersatz in beiden Fällen dieselbe Identität aus und ist mit verschiedenen Nachsätzen verbunden, die gerade unter der Voraussetzung dieser Identität unverträglich sind. Ein anderer Sonderfall irrealer Bedingungssätze sind die »vergleichenden irrealen Bedingungssätze« mit Vordersätzen wie

Wenn ich mehr Geld hätte, . . .

Die Schwierigkeit bei ihnen besteht darin, daß der Versuch, den irrealen Bedingungssatz in eine Aussage über eine Beziehung zwischen zwei zeit- und modusfreien Sätzen zu übersetzen, zu einem Vordersatz wie

Wenn »Ich habe mehr Geld, als ich habe« wahr wäre, . . .

führt, in dem der ursprüngliche Vordersatz fälschlich als sich selbst widersprechend erscheint. Weiter gibt es »gesetzwidrige Bedingungssätze«, d. h. Bedingungssätze mit Vordersätzen, die entweder allgemeinen Gesetzen unmittelbar widersprechen wie in

Wenn Dreiecke Quadrate wären, . . .

oder eine Einzeltatsache voraussetzen, die nicht nur falsch, sondern unmöglich ist, wie in

Wenn dieser Zuckerwürfel gleichzeitig eine Kugel wäre, . . .

Irreale Bedingungssätze aller dieser Arten werfen interes-

sante, aber nicht unüberwindliche Sonderprobleme auf.[3]
Ich möchte mich aber auf die Hauptprobleme der irrealen
Bedingungssätze im allgemeinen beschränken und werde
daher meine Beispiele so wählen, daß diese Sonderprobleme nicht auftreten.

Ich sehe zwei Hauptprobleme, die freilich nicht voneinander unabhängig sind, ja sogar als zwei Seiten eines einzigen
Problems gesehen werden können. Ein irrealer Bedingungssatz ist wahr, wenn eine bestimmte Verbindung zwischen
dem Vorder- und dem Nachsatz besteht. Doch wie die
bereits gegebenen Beispiele deutlich zeigen, folgt der Nachsatz selten rein logisch aus dem Vordersatz. (1) Zunächst
einmal stützt sich die Behauptung, es bestehe eine Verbindung, auf die Voraussetzung, daß gewisse im Vordersatz nicht genannte Umstände vorliegen. Wenn man sagt

> Wenn dieses Streichholz angestrichen worden wäre,
> hätte es sich entzündet,

so meint man, die Bedingungen seien so – das Streichholz
sei richtig hergestellt, hinreichend trocken, es sei genug

3 Von den erwähnten besonderen Arten irrealer Bedingungssätze
werde ich mich später etwas mit den identitäts- und gesetzwidrigen
Bedingungssätzen beschäftigen. Was die vergleichenden irrealen Bedingungssätze betrifft, so ist folgendes Verfahren angebracht: »Wenn
ich eine Minute später angekommen wäre, hätte ich den Zug verpaßt«
wird zunächst erweitert in »Ich kam zu einer bestimmten Zeit an.
Wenn ich eine Minute später angekommen wäre, hätte ich den Zug
verpaßt«. Dann kann man den irrealen Bedingungssatz, der den
zweiten Teil der Konjunktion bildet, in der üblichen Weise behandeln. Die Übersetzung in »Wenn ›Ich komme eine Minute später
an als die gegebene Zeit‹ wahr gewesen wäre, dann wäre ›Ich
verpasse den Zug‹ wahr gewesen« führt nicht zu einem sich selbst
widersprechenden Bestandteil.

Sauerstoff vorhanden usw. –, daß »Dieses Streichholz entzündet sich« aus »Dieses Streichholz wird angestrichen« folgt. Die behauptete Verbindung läßt sich also so sehen, daß sie den Nachsatz mit einer Konjunktion aus dem Vordersatz und weiteren Aussagen verknüpft, die maßgebende Bedingungen richtig beschreiben. Man beachte besonders, daß die Behauptung des irrealen Bedingungssatzes *nicht* davon abhängig gemacht wird, daß diese Bedingungen erfüllt sind. Man behauptet nicht, der irreale Bedingungssatz sei wahr, *wenn* diese Bedingungen vorliegen, sondern die Wahrheit der entsprechenden Aussagen wird mitbehauptet. Das erste Hauptproblem besteht in der Definition maßgebender Bedingungen: man muß angeben, welche Sätze in Verbindung mit dem Vordersatz als Grundlage für die Behauptung des Nachsatzes zu nehmen sind. (2) Doch auch wenn diese Bedingungen angegeben sind, ist die bestehende Verbindung im allgemeinen keine logische. Der Grundsatz, nach dem man aus

Dieses Streichholz wird angestrichen. Es ist hinreichend trocken. Genügend Sauerstoff ist vorhanden. Usw.

schließen kann:

Dieses Streichholz entzündet sich,

ist kein Gesetz der Logik, sondern ein physikalisches oder Natur- oder Kausalgesetz. Das zweite Hauptproblem besteht in der Definition solcher Gesetze.

Als naheliegend könnte der Standpunkt erscheinen, der Nachsatz folge mittels eines Gesetzes aus dem Vordersatz und einer Beschreibung des tatsächlichen Zustands der Welt, und man brauche gar keine maßgebenden Bedingungen zu definieren, weil es nichts schade, wenn man unmaßgebliche einbeziehe. Doch wenn man sich auf den Standpunkt stellt, der Nachsatz folge mittels Gesetz aus dem Vordersatz und *allen* wahren Aussagen, so stößt man sofort auf eine Schwierigkeit: Zu den wahren Sätzen gehört das Negat des Vordersatzes, und daher folgt aus dem Vordersatz und allen wahren Sätzen alles Beliebige. Offenbar kann man auf diese Weise nicht wahre und falsche irreale Bedingungssätze unterscheiden.

Es hilft aber offensichtlich auch nicht weiter, wenn man sagt, der Nachsatz müsse aus *gewissen* wahren Aussagen in Verbindung mit dem Vordersatz folgen; denn sei irgendein irrealer Vordersatz V gegeben, so gibt es stets eine Satzmenge B – diejenige nämlich, die aus nicht-V besteht – derart, daß aus $V \cdot B$ jede beliebige Aussage folgt. (Im folgenden verwende ich stets die Symbole »V« für Vordersatz, »N« für Nachsatz und »B« für die Menge der Aussagen über die maßgebenden Bedingungen, ebenso für deren Konjunktion.)

Vielleicht muß man also Aussagen ausschließen, die mit dem Vordersatz logisch unverträglich sind. Doch das genügt nicht, denn eine entsprechende Schwierigkeit ergibt sich bei wahren Aussagen, die nicht logisch, aber sonstwie mit dem Vordersatz unverträglich sind. Man nehme zum Beispiel

Wenn dieser Kühler eingefroren wäre, wäre er zu Bruch gegangen.

Zu den wahren Sätzen kann (*B*) gehören:

Dieser Kühler erreichte nie eine Temperatur von 0^0 C oder darunter.

Nun gelten folgende beide Verallgemeinerungen:

Alle Kühler, die einfrieren, aber nie eine Temperatur von 0^0 C oder darunter erreichen, gehen zu Bruch,

sowie

Alle Kühler, die einfrieren, aber nie eine Temperatur von 0^0 C oder darunter erreichen, gehen nicht zu Bruch,

denn es gibt ja keine solchen Kühler. Aus dem Vordersatz des irrealen Bedingungssatzes und dem gegebenen *B* folgt also jede beliebige Aussage.

Der naheliegende Ausweg aus dieser Schwierigkeit ist die Festsetzung, daß irreale Bedingungssätze nicht auf leeren Gesetzen beruhen können, sondern daß die Verbindung nur durch einen Grundsatz der Form »Alle *x* sind *y*« zustande kommen kann, wo es mindestens ein *x* gibt Doch das führt zu nichts. Denn wenn leere Grundsätze ausgeschlossen werden, kann man im obigen Beispiel folgende nichtleeren Grundsätze mit gleichem Erfolg verwenden:

Alles, was entweder ein Kühler ist, der einfriert, aber nicht eine Temperatur von 0^0 C oder darunter erreicht, oder eine Seifenblase ist, geht zu Bruch;

Alles, was entweder ein Kühler ist, der einfriert, aber nicht eine Temperatur von $0°$ C oder darunter erreicht, oder Pulver ist, geht nicht zu Bruch.

Mit Hilfe dieser Grundsätze läßt sich aus dem gegebenen V und B jede beliebige Aussage ableiten.

Als einzige Möglichkeit scheint zu bleiben, daß man die maßgebenden Bedingungen als die Menge aller wahren Aussagen definiert, die sowohl logisch als auch sonst mit V verträglich sind, wobei mit sonstiger Unverträglichkeit die Verletzung eines nichtlogischen Gesetzes gemeint ist.[4] Doch sofort entsteht eine neue Schwierigkeit. In einem irrealen Bedingungssatz mit dem Beginn

Wenn Müller in Bayern wäre, . . .

ist der Vordersatz durchaus verträglich mit

Müller ist nicht in Südbayern

und mit

Müller ist nicht in Nordbayern

und mit

Nordbayern plus Südbayern ist identisch mit Bayern;

doch alle diese Sätze zusammen mit dem Vordersatz ergeben eine widerspruchsvolle Satzmenge, so daß wiederum jede beliebige Aussage ableitbar wäre.

Offenbar würde es nichts nützen, wenn man fordern wollte, daß nur für *wenigstens ein B* die Konjunktion $V \cdot B$

---

4 Das wirft natürlich sehr ernste Probleme bezüglich der Eigenart nichtlogischer Gesetze auf, denen ich mich alsbald zuwenden werde.

widerspruchsfrei sei und mittels eines Gesetzes den Nachsatz liefere; denn dann wären folgende irreale Bedingungssätze wahr:

Wenn Müller in Bayern wäre, wäre er in Südbayern

sowie

Wenn Müller in Bayern wäre, wäre er in Nordbayern,

die aber nicht beide wahr sein können.

Es scheint, daß unser Kriterium weiter verfeinert werden muß: Ein irrealer Bedingungssatz ist wahr genau dann, wenn es eine Menge B wahrer Aussagen derart gibt, daß $V \cdot B$ widerspruchsfrei ist und mit Hilfe eines Gesetzes den Nachsatz liefert, und es keine Aussagenmenge B' derart gibt, daß $V \cdot B'$ widerspruchsfrei ist und mittels Gesetzes das Negat des Nachsatzes liefert.[5] Doch unglücklicherweise reicht auch das nicht. Denn zu den wahren Sätzen gehört der negierte Nachsatz $-N$. Ist $-N$ mit V verträglich oder nicht? Wenn nicht, dann muß V allein, ohne zusätzliche Bedingungen, mittels Gesetz N liefern. Doch wenn, wie meist, $-N$ mit V verträglich ist, dann folgt, wenn man $-N$ für B wählt, $-N$ aus der Konjunktion

---

5 Man beachte, daß die Forderung, $V \cdot B$ müsse widerspruchsfrei sein, nur erfüllbar ist, wenn V widerspruchsfrei ist; damit sind die »gesetzwidrigen« Bedingungssätze alle falsch. Das ist im Rahmen unseres augenblicklichen Zweckes, der Untersuchung irrealer Bedingungssätze, die keine gesetzwidrigen sind, brauchbar. Wenn es sich später als wünschenswert herausstellt, alle oder einige gesetzwidrigen Bedingungssätze als wahr zu betrachten, lassen sich besondere Bedingungen einführen.

$V \cdot B$. Das Kriterium dürfte also selten erfüllt sein; denn da -N gewöhnlich mit V verträglich ist, wie die Notwendigkeit der Einführung maßgebender Bedingungen erweist, gibt es gewöhnlich ein B (nämlich -N) derart, daß $V \cdot B$ widerspruchsfrei ist und mittels Gesetz -N liefert.

Ein Teil der Schwierigkeit liegt darin, daß das Problem zu eng aufgefaßt worden ist. Wir haben nach Bedingungen gesucht, unter denen ein V, das als falsch bekannt ist, zu einem N führt, das als falsch bekannt ist; doch ebenso wichtig ist, daß das Kriterium keine entsprechende Verbindung zwischen V und dem (wahren) Negat von N entstehen läßt. Da B so zu wählen war, daß es in Verbindung mit $V N$ liefert, erschien es als überflüssig, zu verlangen, daß B mit N verträglich sein müsse; und da -N voraussetzungsgemäß wahr ist, wäre B damit notwendigerweise verträglich. Doch es geht uns darum, ob unser Kriterium nicht nur den gegebenen wahren irrealen Bedingungssatz gelten läßt, sondern auch den entgegengesetzten ausschließt. Es muß also dahin abgeändert werden, daß B sowohl mit N als auch mit -N verträglich sein muß.[6] Mit anderen Worten, B allein darf nicht zwischen N und -N entscheiden, aber in Verbindung mit V muß es N liefern, aber nicht -N. Man braucht nicht zu wissen, ob N wahr oder falsch ist.

6 Die Frage liegt nahe, ob man aus ähnlichen Gründen fordern sollte, daß B mit V wie auch mit -V verträglich sein müsse, doch das ist unnötig. Denn wenn B mit -V unverträglich ist, dann folgt V aus B; wenn also B sowohl mit N als auch mit -N verträglich ist, dann kann $V \cdot B$ nicht mittels Gesetz nur N oder nur -N liefern. Also kann kein mit -V unverträglicher Satz die anderen Bedingungen für ein brauchbares B erfüllen.

Unsere Regel lautet also: Ein irrealer Bedingungssatz ist wahr genau dann, wenn es eine Menge B wahrer Sätze derart gibt, daß B mit N und $-N$ verträglich ist, und daß $V \cdot B$ widerspruchsfrei ist und mittels Gesetz N liefert, ohne daß es eine mit N und $-N$ verträgliche Menge B' derart gibt, daß $V \cdot B'$ widerspruchsfrei ist und mittels Gesetz $-N$ liefert.[7] Diese Formulierung enthält etwas Überflüssiges; doch eine Vereinfachung wäre hier uninteressant, denn das Kriterium ist immer noch unbefriedigend.

Die Forderung, daß $V \cdot B$ widerspruchsfrei sein soll, ist nicht stark genug; denn B kann wahre Sätze enthalten, die zwar *mit V verträglich*, aber so beschaffen sind, daß sie *nicht wahr wären, wenn V wahr wäre*. Daher wären viele Aussagen, die man als eindeutig falsch betrachten würde, nach dem Kriterium wahr. Als Beispiel betrachten wir den bereits bekannten Fall, daß über ein gegebenes Streichholz s ausgesagt wird:

(1) Wenn das Streichholz s angestrichen worden wäre, hätte es sich entzündet,

aber geleugnet:

---

7 Nach Erscheinen der ersten Auflage dieses Buches hat W. T. Parry darauf hingewiesen, daß kein irrealer Bedingungssatz diese Formel erfülle, denn man könne stets $-(V \cdot -N)$ für B und $-(V \cdot N)$ für B' wählen. Man muß also die Forderung hinzunehmen, daß weder B noch B' mittels Gesetz aus $-V$ folgen darf. Natürlich behebt das nicht die weiteren Schwierigkeiten, die in den folgenden Absätzen des obigen Textes dargelegt werden. (Siehe Parrys »Reexamination of the Problem of Counterfactual Conditionals«, in: *Journal of Philosophy* 54 (1957), S. 85–94, sowie meine Antwort »Parry on Counterfactuals«, ebenda, S. 442–445.)

(2) Wenn das Streichholz *s* angestrichen worden wäre, wäre es nicht trocken gewesen.[8]

Nach unserem vorläufigen Kriterium wäre Aussage (2) ebenso wahr wie Aussage (1). Denn bei (2) kann man als Element von *B* den wahren Satz wählen

Das Streichholz *s* hat sich nicht entzündet,

der mit *V* verträglich sein dürfte (andernfalls wäre neben *V* nichts nötig, um zum Gegenteil als Nachsatz des wahren irrealen Bedingungssatzes (1) zu gelangen). Als *V* · *B* kann man nehmen:

Das Streichholz *s* wird angestrichen. Es entzündet sich nicht. Es ist richtig hergestellt. Genügend Sauerstoff ist vorhanden. Usw.

und daraus kann man mittels eines richtigen allgemeinen Gesetzes ableiten:

s war nicht trocken.

Und es scheint keine zulässige Satzmenge *B'* zu geben, so daß *V* · *B'* mittels Gesetz zum Negat dieses Nachsatzes führte. Daher ist der unerwünschte irreale Bedingungssatz gemäß unserer Regel gültig. Die Schwierigkeit entsteht dadurch, daß zu *B* eine wahre Aussage gehört, die zwar mit *V* verträglich ist, aber nicht wahr wäre, wenn *V*

8 Natürlich können einige ähnliche Sätze wie (2), die sich auf andere Streichhölzer unter speziellen Bedingungen beziehen, wahr sein; doch der Einwand gegen das vorgeschlagene Kriterium geht dahin, daß es viele solche Aussagen geiten lassen würde, die offensichtlich falsch sind. Ich bin Morton G. White für eine Anregung zu diesem Punkt dankbar.

wahr wäre. Solche Sätze müssen also aus der Menge der maßgebenden Bedingungen ausgeschlossen werden; B muß also außer den bereits festgelegten Bedingungen nicht nur mit V verträglich sein, sondern *gleichzeitig behauptbar*. V ist gleichzeitig behauptbar mit B, und die Konjunktion $V \cdot B$ ist behauptbar, wenn es nicht so ist, daß B nicht wahr wäre, wenn V wahr wäre.[9]

Am Rande ist zu vermerken, daß oft unklar ist, wie feststehend die Bedingungen sind, so daß der Sprecher oder Schreiber ausdrückliche Zusatzbedingungen oder Andeutungen dessen geben muß, was er meint. Beispielsweise würde gewöhnlich jeder der beiden folgenden irrealen Bedingungssätze anerkannt:

Wenn Hamburg in Bayern läge, dann läge Hamburg in Süddeutschland.

Wenn Hamburg zu Bayern gehörte, dann würde Bayern nicht ganz in Süddeutschland liegen.

Doch die Vordersätze sind ununterscheidbar. Hier erlangt die Richtung des Ausdrucks Bedeutung; im ersten Fall ist der Sinn:

9 Die doppelte Negation kann hier nicht weggelassen werden, denn ».. . wenn B wahr wäre, wenn V wahr wäre« ist eine stärkere Forderung. Wie schon bemerkt (Anm. 2 zu Kap. 1), sind zwei Bedingungssätze konträr und können beide falsch sein, wenn sie denselben irrealen Vordersatz haben und die beiden Nachsätze die Negate voneinander sind. Das ist beispielsweise der Fall, wenn jede sonst zulässige Menge maßgebender Bedingungen, die in Verbindung mit dem Vordersatz mittels Gesetz zu einem gegebenen Nachsatz oder seinem Negat führt, auch zu dem anderen führt.

> Wenn Hamburg in Bayern läge und die Grenzen
> von Bayern unverändert blieben, dann . . .

im zweiten Fall dagegen ist der Sinn:

> Wenn Hamburg zu Bayern gehörte und die Grenzen
> von Hamburg unverändert blieben, dann . . .

Ohne einen solchen Hinweis auf die Bedeutung, wie er
hier indirekt durch die Wortwahl gegeben wird, könnte
man gar nicht wissen, welcher der beiden Nachsätze das
ganze wahr macht. Die gleiche Erklärung trifft auf
die oben erwähnten paradoxen Paare identitätswidriger
Bedingungssätze zu.

Was nun die vorgeschlagene Regel betrifft, so biete ich
weder weitere Einzelkorrekturen an, noch erörtere ich,
ob die Forderung, daß B mit V gleichzeitig behauptbar
sein soll, andere Bedingungen des Kriteriums überflüssig
macht; solche Fragen sind angesichts der wirklich ernsten
Schwierigkeiten, denen wir jetzt gegenüberstehen, ziemlich
unwichtig. Um die Wahrheit eines gegebenen irrealen Bedingungssatzes festzustellen, muß man anscheinend unter
anderem klären, ob es ein passendes B gibt, das mit V
gleichzeitig behauptbar ist und weitere Bedingungen erfüllt. Doch um zu bestimmen, ob ein gegebenes B gleichzeitig mit V behauptbar ist, muß man entscheiden, ob
der irreale Bedingungssatz »Wenn V wahr wäre, dann
wäre B nicht wahr« seinerseits wahr ist. Dazu aber muß
man herausfinden, ob es ein zulässiges B_1 gibt, das mit
V gleichzeitig behauptbar ist und $-B$ liefert, und so weiter.
Man gerät also in einen unendlichen Regreß oder einen
Zirkel; denn die gleichzeitige Behauptbarkeit ist mittels

irrealer Bedingungssätze definiert, doch deren Bedeutung ist mittels der gleichzeitigen Behauptbarkeit definiert. Mit anderen Worten: um irgendeinen irrealen Bedingungssatz als wahr erkennen zu können, muß man anscheinend zunächst die Wahrheit eines anderen dartun. Das würde bedeuten, daß man einen irrealen Bedingungssatz immer nur anhand anderer erklären kann, so daß das Problem der irrealen Bedingungssätze unlösbar wäre.

Ich nehme diese Konsequenz ungern hin, doch ich sehe im Augenblick keine Möglichkeit, die Schwierigkeit zu beheben. Der Gedanke liegt nahe, die gesamte Behandlung der irrealen Bedingungssätze so abzuändern, daß zunächst diejenigen zugelassen werden, die von keinen Bedingungen neben dem Vordersatz abhängen, und diese dann als Kriterien für die gleichzeitige Behauptbarkeit maßgebender Bedingungen und der Vordersätze weiterer irrealer Bedingungssätze verwendet werden, und so weiter. Doch dieser Gedanke erscheint von Anfang an als wenig aussichtsreich angesichts der ungeheuren Schwierigkeiten, mittels dieses Stufenverfahrens auch nur so einfache irreale Bedingungssätze zu erklären wie

Wenn das Streichholz angestrichen worden wäre, hätte es sich entzündet.

1.3 Das Problem des Gesetzes

Noch schwerwiegender ist das zweite der oben erwähnten Probleme: Welche allgemeinen Aussagen gestatten die Ableitung des Nachsatzes auf der Grundlage des Vordersatzes und maßgebender Bedingungen? Die Unterscheidung zwischen diesen verbindenden Grundsätzen und maßgebenden Bedingungen ist ungenau und willkürlich; die »verbindenden Grundsätze« könnten mit den Bedingungsaussagen zusammengenommen werden, so daß die Verbindung der Vordersatz-Konjunktion $V \cdot B$ mit dem Nachsatz eine logische Frage würde. Doch es würden die gleichen Probleme bezüglich der Grundsätze auftreten, die einen irrealen Bedingungssatz begründen könnten; und es empfiehlt sich, die verbindenden Grundsätze für sich zu betrachten.

Um den Nachsatz eines irrealen Bedingungssatzes aus dem Vordersatz V und zulässigen maßgebenden Bedingungen B abzuleiten, benützt man eine allgemeine Aussage, nämlich die Verallgemeinerung[10] des Bedingungssatzes, dessen Vordersatz $V \cdot B$ und dessen Nachsatz N ist. Zum Beispiel ist im Falle von

> Wenn das Streichholz angestrichen worden wäre, hätte es sich entzündet

der verbindende Grundsatz:

> Jedes Streichholz, das angestrichen wird, das richtig hergestellt und hinreichend trocken ist, sich in genügend Sauerstoff befindet usw., entzündet sich.

Doch man beachte, daß *nicht* jeder irreale Bedingungssatz von dem so gewonnenen Grundsatz begründet wird, *auch*

---

10 Der hier verwendete Sinn von »Verallgemeinerung« entspricht dem von C. G. Hempel in »A Purely Syntactical Definition of Confirmation« dargelegten (*Journal of Symbolic Logic 8* (1943), S. 122–143). Siehe auch Abschnitt 3.3 der vorliegenden Arbeit.

wenn dieser *wahr* ist. Nehmen wir etwa an, alles, was ich am 8. Mai 1945 in meiner rechten Hosentasche hatte, sei eine Gruppe Silbermünzen gewesen. Nun würde man unter gewöhnlichen Umständen nicht von einem gegebenen Pfennig P sagen:

> Wenn sich P am 8. Mai 1945 in meiner Hosentasche befunden hätte, wäre P aus Silber gewesen[11],

obwohl aus

> P befand sich am 8. Mai 1945 in meiner Hosentasche

der Nachsatz mittels der allgemeinen Aussage

> Alles, was sich am 8. Mai 1945 in meiner Hosentasche befand, war aus Silber

ableitbar ist. Im Gegenteil, man würde sagen, wenn sich P in meiner Hosentasche befunden hätte, dann wäre diese allgemeine Aussage nicht wahr. Sie gestattet *nicht* die Ableitung des gegebenen Nachsatzes aus der tatsachenwidrigen Voraussetzung, P habe sich in meiner Hosentasche befunden, da sie selbst von dieser außer Kraft

11 Der Vordersatz in diesem Beispiel soll bedeuten: »Wenn P von den Dingen, die sich tatsächlich am 8. Mai 1945 in meiner Hosentasche befanden, verschieden bliebe und sich ebenfalls in meiner Hosentasche befunden hätte, dann«; etwas *ganz anderes* wäre der identitätswidrige Bedingungssatz »Wenn P mit einem der Gegenstände, die sich am 8. Mai 1945 in meiner Hosentasche befanden, identisch gewesen wäre, dann«. Die Vordersätze der meisten irrealen Bedingungssätze (so bei unserem Streichholzbeispiel) lassen sich zwar – wörtlich genommen – auf beide Arten auffassen, doch der gewöhnliche Sprachgebrauch fordert im allgemeinen einen besonderen Hinweis, wenn die identitätswidrige Bedeutung gemeint sein soll.

gesetzt wird. Obwohl der angenommene verbindende Grundsatz allgemein, wahr und vielleicht durch Beobachtung aller Fälle vollständig bestätigt ist, kann er keinen irrealen Bedingungssatz begründen, weil er eine zufällige Tatsache beschreibt und kein Gesetz ist. Die Wahrheit eines irrealen Bedingungssatzes scheint also davon abzuhängen, ob der für die Ableitung nötige allgemeine Satz ein Gesetz ist oder nicht. Wenn das so ist, dann besteht unser Problem darin, zwischen Kausalgesetzen und zufälligen Tatsachen klar zu unterscheiden.[12]

Das Problem, das durch das Münzenbeispiel veranschaulicht wird, hängt eng mit demjenigen zusammen, das uns oben veranlaßt hatte, die gleichzeitige Behauptbarkeit des Vordersatzes und der maßgebenden Bedingungen zu fordern, damit ein irrealer Bedingungssatz sich nicht auf eine Aussage stützt, die nicht wahr wäre, wenn der Vordersatz wahr wäre. Denn die Entscheidung über die gleichzeitige Behauptbarkeit zweier Sätze hängt zum Teil von Entscheidungen darüber ab, ob gewisse allgemeine Aussagen Gesetze sind, und mit diesem Problem haben wir jetzt unmittelbar zu tun. Gibt es eine Möglichkeit, wahre Allaussagen der fraglichen Art so in Gesetze und Nichtgesetze einzuteilen, daß die Gesetze diejenigen Grundsätze sind, die irreale Bedingungssätze begründen?

12 Die Wichtigkeit der Unterscheidung zwischen Gesetzen und Nichtgesetzen wird viel zu oft übersehen. Läßt sich ein deutlicher Unterschied finden, so dient er vielleicht nicht nur den in der vorliegenden Arbeit auseinandergesetzten Zwecken, sondern auch vielen, für die die immer zweifelhafter werdende Unterscheidung zwischen analytischen und synthetischen Aussagen gewöhnlich für unentbehrlich gehalten wird.

Jeder Versuch, die Unterscheidung mit Hilfe eines Begriffs der verursachenden Kraft zu treffen, ist von vornherein als unwissenschaftlich abzulehnen. Und offenbar kann auch kein rein syntaktisches Kriterium brauchbar sein, denn die spezielleste Beschreibung von Einzeltatsachen läßt sich in eine Form bringen, die jeden gewünschten Grad syntaktischer Allgemeinheit aufweist. »Das Buch *B* ist klein« läßt sich ausdrücken als »Alles, was *Q* ist, ist klein«, wobei für »Q« ein Prädikat zu wählen ist, das einzig auf *B* zutrifft. Wodurch unterscheidet sich dann ein Gesetz wie

Alle Butter schmilzt bei 65° C

von einem wahren und allgemeinen Nichtgesetz wie

Alle Münzen in meiner Hosentasche sind aus Silber?

In erster Linie dadurch, so will mir scheinen, daß ersteres als wahr genommen wird, obwohl es in vielen Anwendungsfällen noch nicht geprüft ist, und zu Voraussagen benützt wird. Der zweite Satz dagegen wird als Beschreibung einer zufälligen Tatsache genommen, *nachdem* alle seine Anwendungsfälle bekannt sind, und wird zu keiner Voraussage herangezogen. Dieser Gedanke wirft unzählige Probleme auf, von denen ich mich einigen alsbald zuwenden werde; doch der Grundgedanke ist der, daß genau der Grundsatz, den wir zur Entscheidung irrealer Fälle heranziehen, ein solcher ist, dem wir uns bei der Entscheidung über noch nicht verwirklichte Fälle anzuvertrauen bereit sind, die noch der unmittelbaren Beobachtung harren.

Als erste Näherung könnte man also sagen, ein Gesetz

sei ein wahrer Satz, der zu Voraussagen herangezogen wird. Daß Gesetze zu Voraussagen herangezogen werden, ist natürlich eine Binsenwahrheit, und ich stelle das nicht als etwas Neues hin. Ich möchte nur den Humeschen Gedanken betonen, daß ein Satz nicht zu Voraussagen herangezogen wird, weil er ein Gesetz ist, sondern daß er Gesetz genannt wird, weil er zu Voraussagen herangezogen wird; und daß das Gesetz nicht zu Voraussagen herangezogen wird, weil es eine kausale Verknüpfung beschreibt, sondern daß der Sinn der kausalen Verknüpfung mit Hilfe der Verwendung von Gesetzen zu Voraussagen zu erklären ist.

Mit der Entscheidung über alle Anwendungsfälle meine ich einfach, daß irgendwie alle Gegenstände, die den Vordersatz erfüllen, darauf geprüft werden, ob sie alle auch den Nachsatz erfüllen. Es gibt schwierige Fragen bezüglich der Bedeutung des Ausdrucks »Anwendungsfall«, von denen Professor Hempel viele untersucht hat. Die meisten von ihnen treten in der vorliegenden Untersuchung nicht auf, weil wir uns mit einer sehr engen Klasse von Sätzen beschäftigen: denjenigen, die sich durch Verallgemeinerung gewisser Bedingungssätze ergeben. Die verbleibenden Probleme bezüglich der Bedeutung von »Anwendungsfall« muß ich hier auf sich beruhen lassen. Was den Ausdruck »Entscheidung« betrifft, so meine ich nicht die endgültige Ermittlung der Wahrheit, sondern nur eine ausreichende Untersuchung, um zu einer Entscheidung zu gelangen, ob eine gegebene Aussage oder ihr Negat als Datum für die in Frage stehende Hypothese angenommen werden soll.

Unser Kriterium läßt leere Grundsätze nicht als Gesetze gelten. Die Verallgemeinerungen, die zur Begründung irrealer Bedingungssätze gebraucht werden, können nicht leer sein, denn sie müssen durch Daten gestützt sein.[13] Wegen der Beschränktheit unseres gegenwärtigen Problems ist es gleichgültig, ob unser Kriterium bei Anwendung auf alle Aussagen viele davon – z. B. wahre Einzelvoraussagen – als Gesetze einstufen würde, die gewöhnlich nicht Gesetze genannt würden.

Der Einfachheit halber nenne ich Sätze »gesetzesartig«, die, ob sie nun wahr oder falsch sind, die übrigen Bedingungen der Definition des Gesetzes erfüllen. Ein Gesetz ist also ein Satz, der gesetzesartig und wahr ist, doch ein Satz kann wahr und nicht gesetzesartig sein, wie ich gezeigt habe, oder gesetzesartig und nicht wahr, wie wir oft genug mit Bestürzung feststellen.

Würden wir nun unsere Definition so stehen lassen, so wäre die Gesetzesartigkeit eine ziemlich zufällige und kurzlebige Eigenschaft. Nur Sätze, die man tatsächlich gerade einmal zu Voraussagen herangezogen hat, wären gesetzesartig. Und ein wahrer Satz, der zu Voraussagen herangezogen worden ist, wäre kein Gesetz mehr, wenn er einmal vollständig geprüft wäre – das heißt, wenn keiner seiner Anwendungsfälle mehr unentschieden wäre. Die Definition muß also etwa folgendermaßen umformuliert werden: Ein allgemeiner Satz ist gesetzesartig genau dann, wenn er vor der Entscheidung über alle seine Anwendungsfälle annehmbar ist. Das ist aber sofort proble-

---

13 Im vorhergehenden Abschnitt hatte die Forderung genügt, daß $V \cdot B$ *widerspruchsfrei* sein soll; jetzt wäre statt dessen zu fordern, daß die Verallgemeinerung des Bedingungssatzes mit $V \cdot B$ als Vordersatz und N als Nachsatz nicht leer sein soll; doch dadurch wäre nicht gewährleistet, daß $V \cdot B$ *behauptbar* ist.

matisch, denn »annehmbar« ist selbst offensichtlich ein Dispositionsausdruck; doch ich schlage vor, ihn vorläufig zu benutzen und an seine spätere Ersetzung mittels einer Definition zu denken, die keinen Dispositionsausdruck enthält. Ehe wir das jedoch versuchen, müssen wir uns mit einer anderen Schwierigkeit bei unserem vorläufigen Kriterium der Gesetzesartigkeit auseinandersetzen.

Angenommen, die entsprechende Verallgemeinerung stütze einen gegebenen irrealen Bedingungssatz nicht, weil sie zwar wahr, aber nicht gesetzesartig ist, wie etwa

> Alles in meiner Hosentasche ist aus Silber.

Um zu einem Gesetz zu kommen, brauchte man nur den Vordersatz geschickt zu erweitern. Betrachten wir etwa den Satz

> Alles, was in meiner Hosentasche oder ein Fünfmarkstück ist, ist aus Silber.

Da nicht alle Fünfmarkstücke untersucht worden sind, enthält diese Aussage eine Voraussage und wäre – da sie wahr sein dürfte – ein Gesetz. Gehen wir nun auf unseren ursprünglichen irrealen Bedingungssatz zurück und wählen B so, daß $V \cdot B$ lautet:

> P befindet sich in meiner Hosentasche. P befindet sich in meiner Hosentasche oder ist ein Fünfmarkstück,

dann läßt sich mit dem soeben konstruierten Scheingesetz daraus der Satz »P ist aus Silber« ableiten, und der falsche irreale Bedingungssatz ist als gültig dargetan. Wenn man keinen Oder-Satz als Bedingung haben möchte, kann man das gleiche Ergebnis erzielen, wenn man ein neues Prädikat verwendet wie »taschfünf« mit der Bedeutung »befindet sich in meiner Hosentasche oder ist ein Fünfmarkstück«.[14]

Mit der notwendigen Änderung dürfte nun die Definition der Gesetzesartigkeit so lauten: Ein Satz ist gesetzesartig, wenn seine Anerkennung nicht von der Entscheidung irgendeines gegebenen Anwendungsfalles abhängt.[15] Das bedeutet natürlich nicht, die Anerkennung solle unabhängig von jeglicher Prüfung von Anwendungsfällen sein, sondern nur, daß es keinen bestimmten Anwendungsfall geben soll, von dessen Prüfung die Anerkennung abhinge. Dieses Kriterium läßt Aussagen wie

Dieses Buch ist schwarz, und Orangen sind rund

nicht als gesetzesartig gelten, weil ihre Anerkennung das Wissen voraussetzt, ob dieses Buch schwarz ist, und ebensowenig Aussagen wie

Alles, was in meiner Hosentasche oder ein Fünfmarkstück ist, ist aus Silber,

14 Abgesehen von der besonderen Klasse von verbindenden Grundsätzen, mit der wir zu tun haben, ist zu bemerken, daß nach dem angegebenen Kriterium der Gesetzesartigkeit jede Aussage zu einer gesetzesartigen erweitert werden kann, z. B.: »Dieses Buch ist schwarz« führt in Verbindung mit dem eine Voraussage enthaltenden Satz »Dieses Buch ist schwarz, und alle Orangen sind rund« zu dem Schluß, daß das Schwarzsein des Buches aus einem Gesetz folgt.

15 In dieser Form läßt die Definition leere Grundsätze als Gesetze gelten. Sagt man statt »Anwendungsfall« »Klasse von Anwendungsfällen«, so sind leere Grundsätze Nichtgesetze, da ihre Anerkennung auf der Untersuchung der leeren Klasse von Anwendungsfällen beruht. Für meine augenblicklichen Zwecke sind beide Formulierungen gleich gut geeignet.

weil ihre Anerkennung die Untersuchung aller Gegenstände in meiner Hosentasche erfordert. Es läßt auch Aussagen wie

> Alle Murmeln in diesem Sack außer Nr. 19 sind rot, und diese ist schwarz

nicht als gesetzesartig gelten, weil ihre Anerkennung von der Untersuchung oder dem Wissen bezüglich der Murmel Nr. 19 abhängt. Der Grundsatz des vorgeschlagenen Kriteriums ist recht leistungsfähig und scheint die meisten unerwünschten Fälle auszuschließen.

Wir müssen aber noch den Begriff der Annehmbarkeit eines Satzes oder des *Abhängens* seiner Annahme von einem bestimmten Wissen durch eine effektive Definition dieses Abhängens ersetzen. Wenn man sagt, die Anerkennung einer gegebenen Aussage hänge von bestimmten Daten ab, so heißt das offenbar, daß, wenn diese vorliegen, die Anerkennung der Aussage gewissen allgemeinen Grundsätzen für die Annahme nicht vollständig geprüfter Aussagen entspreche. So wird man auf natürliche Weise auf Theorien der Induktion und Bestätigung geführt, um die Faktoren oder Verhältnisse in Erfahrung zu bringen, die dafür maßgebend sind, ob ein Satz ohne vollständige Bestätigung annehmbar ist. Doch die Literatur über die Bestätigung hat nicht nur den Unterschied zwischen bestätigbaren und nicht bestätigbaren Aussagen nicht klären können, sondern läßt kaum erkennen, daß ein derartiges Problem überhaupt existiere.[16] Doch offenbar würde bei manchen Sätzen wie

16 Die Probleme dieses und des folgenden Absatzes werden etwas ausführlicher behandelt in meiner Arbeit »A Query on Confirmation«, *Journal of Philosophy* 43 (1946), S. 383–385.

Alles in meiner Hosentasche ist aus Silber

oder

Kein Präsident der Vereinigten Staaten im 20. Jahrhundert wird zwischen 185 und 186 cm groß sein

nicht einmal die – positiv ausgefallene – Prüfung aller Anwendungsfälle außer einem einzigen uns zur Anerkennung des Satzes und zu der Voraussage veranlassen, daß der verbliebene Anwendungsfall ihn erfüllen werde; doch bei anderen Sätzen wie

Alle Fünfmarkstücke sind aus Silber

oder

Alle Butter schmilzt bei 65° C

oder

Alle Pflanzen, die von diesem Samen abstammen, werden gelb blühen

kann die Bestätigung in auch nur einigen wenigen Anwendungsfällen uns zur zuversichtlichen Anerkennung des Satzes und zu entsprechenden Voraussagen veranlassen.
Es besteht eine gewisse Hoffnung, daß solche Fälle durch hinreichend sorgfältigen und differenzierten Ausbau der bestehenden Theorien der Bestätigung befriedigend behandelt werden können; doch die Vernachlässigung des Problems der Unterscheidung zwischen bestätigbaren und nicht bestätigbaren Sätzen hat dazu geführt, daß die meisten Theorien der Bestätigung viel vernichtenderen elementaren Gegenbeispielen ausgeliefert sind.

Angenommen, die 26 Murmeln in einem Sack würden mit den Buchstaben des Alphabets bezeichnet, die nur als Namen dienen und keine Ordnungsbeziehung ausdrükken sollen. Weiter sei bekannt, daß alle Murmeln außer d rot sind, doch die Farbe von d sei unbekannt. Nach den üblichen Theorien der Bestätigung hat die Aussage

$$Ra \cdot Rb \cdot Rc \cdot Rd \cdot \ldots \cdot Rz$$

einen hohen Bestätigungsgrad, weil 25 der 26 Anwendungsfälle für sie sprechen und keiner gegen sie. Doch unglücklicherweise würden aus demselben Grund dieselben Daten gleichermaßen

$$Ra \cdot Rb \cdot Rc \cdot Re \cdot \ldots \cdot Rz \cdot {-}Rd$$

bestätigen, denn wieder sprechen 25 Anwendungsfälle dafür und keiner dagegen. »Rd« und »-Rd« werden also durch dieselben Daten gleich stark bestätigt. Wenn anstelle von »R« und »-R« im zweiten Fall ein einziges Prädikat verlangt wird, so verwende ich »P« mit der Bedeutung

befindet sich in dem Sack und ist entweder nicht d und ist rot, oder ist d und ist nicht rot.

Dann bestehen die Daten aus 25 positiven Fällen für

Alle Murmeln sind P,

woraus folgt, daß d P ist, daß also d nicht rot ist. Das Problem, welche Aussagen bestätigbar sind, wird einfach zu dem äquivalenten Problem, welche Prädikate von bekannten auf unbekannte Fälle fortsetzbar sind.

Bisher habe ich keinen Ausweg aus diesen Schwierigkeiten

44

gefunden. Doch wie wir sahen, ist eine Lösung für unseren gegenwärtigen Zweck dringend vonnöten; denn nur, wenn die Bereitschaft zur Anerkennung einer Aussage Voraussagen prüfbarer Anwendungsfälle einschließt, verleiht die Anerkennung dieser Aussage ein Gewicht für irreale Fälle, die nicht unmittelbar geprüft werden können.

Es zeigt sich also, daß einige Probleme im Zusammenhang mit irrealen Bedingungssätzen von der Definition der gleichzeitigen Behauptbarkeit abhängen, die wiederum die Lösung jener Probleme vorauszusetzen scheint. Andere Probleme erfordern eine brauchbare Definition des Gesetzes. Das dafür hier vorgeschlagene vorläufige Kriterium ist ganz befriedigend bezüglich der Ausscheidung unerwünschter Arten von Aussagen und führt faktisch eine Seite unseres Problems auf die Frage zurück, wie die Umstände zu definieren sind, unter denen eine Aussage unabhängig von der Entscheidung irgendeines gegebenen Anwendungsfalles annehmbar ist. Doch auf diese Frage weiß ich keine Antwort.

Ein Lösungsversuch
1953

Die drei folgenden Kapitel sind etwas überarbeitete Fassungen der Special Lectures in Philosophy, die an der University of London am 21., 26. und 28. Mai 1953 gehalten wurden. Die erste wurde an der Harvard University am 2. Dezember 1953 wiederholt. Alle werden jetzt zum erstenmal veröffentlicht. Die Einleitung zum vorliegenden Buch enthält einige Bemerkungen über die Beziehung zwischen diesen drei Kapiteln und dem vorangehenden.

2. Das Verschwinden des Möglichen

2.1 Vorwort: Über das philosophische Gewissen

Im Leben entspringen unsere Probleme oft aus unserer Genußfreudigkeit, in der Philosophie eher aus unserer Strenge. Das Leben ist nicht lebenswert ohne seine Freuden, doch die Philosophie lebt von ihren Beschränkungen. Ein philosophisches Problem ist die Forderung nach einer brauchbaren Erklärung auf einer annehmbaren Grundlage. Wenn man alles als klar gelten lassen will, dann gibt es nichts mehr zu erklären; und wenn man sauertöpfisch überhaupt nichts auch nur vorläufig als klar gelten lassen will, dann läßt sich nichts erklären. Was uns als Problem beschäftigt, und was uns als Lösung befriedigt, das hängt von der Trennungslinie ab, die wir zwischen dem bereits Klaren und dem zu Klärenden ziehen.

Doch ich fürchte, wir haben nirgends auch nur so etwas Ähnliches wie einen brauchbaren allgemeinen Grundsatz für die Ziehung dieser Trennungslinie. An diesem Ort und vor diesen Zuhörern brauche ich gewiß nicht die tragische Geschichte der Verifikationstheorie des Sinnes auszubreiten.[1] Das Scheitern dieses heroischen Versuches, Sinn

---

1 Ich spiele hier natürlich auf A. J. Ayers sorgfältige, aber erfolglose Versuche an, die Theorie zu formulieren; siehe sein Buch *Language, Truth, and Logic*, London 1946, S. 5–16, 35–42. Eine gedrängte, aber umfassende Übersicht bietet Hempels Aufsatz »Problems and Changes in the Empiricist Criterion of Meaning«, *Revue internationale de philosophie* 4 (1950), S. 41–63. Man suchte ernsthaft nach einem Verifikationskriterium des Sinnes als endgültige Grundlage für

und Unsinn zu unterscheiden, hat ganz wie das Scheitern etlicher ehrenwerter Versuche, den Unterschied zwischen Recht und Unrecht festzulegen, in manchen Kreisen der libertinistischen Lehre Auftrieb gegeben, daß alles erlaubt sei. Der abwegige Grundsatz, wenn man durchkomme, dann sei man im Recht, hat sein Gegenstück in der Behauptung, wenn etwas funktioniere, dann sei es klar. Solch grober Pragmatismus verdient nur deswegen Erwähnung, weil er sich auszubreiten scheint. Vielleicht *verstehe* ich die Methoden, mit denen ich nützliche Berechnungen oder Voraussagen erstelle, nicht besser als die Hausfrau das Auto, mit dem sie ihre Einkäufe nach Hause fährt. Die Nützlichkeit eines Begriffs beweist nicht, daß er klar ist, sondern vielmehr, daß seine Klärung philosophisch wichtig ist.

Da es kein brauchbares und verläßliches Kriterium der Klarheit gibt, kann der einzelne Denker nur sein philosophisches Gewissen befragen. Und wie es so die Art eines Gewissens ist, ist es schwer faßbar, wandelbar und streckt nur allzu leicht die Waffen vor Mühsal oder Versuchung. Bestenfalls liefert es Einzelurteile, aber keine allgemeinen Grundsätze; und aufrichtige Urteile, die zu verschiedenen Zeiten oder von verschiedenen Menschen gefällt werden,

die Disqualifizierung einer ungeheuren Menge philosophischen Unsinns. Doch es hat sich als äußerst schwierig erwiesen, eine Formel zu finden, die das leistet, ohne gleichzeitig eine ganze Menge völlig brauchbarer wissenschaftlicher Theorien zu verwerfen. Die übertriebene Betonung dieses Problems führte zu einer groben Überschätzung der Folgen seiner Ungelöstheit. Wenn es keine allgemeine Theorie des Guten gibt, wird Laster nicht zur Tugend; und wenn es keine allgemeine Theorie des Sinnes gibt, wird leeres Gerede nicht zu klärender Analyse.

können beliebig weit voneinander abweichen. Überhaupt ist diese Rede vom Gewissen nichts als eine bildliche Art des Verzichts auf jeden Gedanken an eine Rechtfertigung dieser grundlegenden Urteile. Wenn man sie sorgfältig gefällt und deutlich verkündet hat, kann man nur noch alle anderen Urteile herabzusetzen suchen. Ist dein Gewissen großzügiger als meines, so nenne ich einige deiner Erklärungen dunkel oder metaphysisch, und du tust einige meiner Probleme als trivial oder ausgefallen ab.

Das alles soll eine Vorrede zu der Feststellung sein, daß zu den Dingen, die mir ohne Erklärung nicht als annehmbar erscheinen, Kräfte oder Dispositionen gehören, irreale Bedingungssätze, Gegenstände oder Erlebnisse, die möglich, aber nicht wirklich sind, Neutrinos, Engel, Teufel und Klassen. Über die letzteren habe ich einiges an anderer Stelle gesagt[2], und ich möchte in diesen Vorlesungen nicht darauf herumreiten. Ich werde ziemlich freizügig von Klassen reden, weil jetzt die Mittel für eine befriedigende Deutung der meisten gewöhnlichen Aussagen über Klassen zur Verfügung stehen, und weil ich nicht zu viele Eisen auf einmal schmieden möchte. Einige andere Gegenstände aus meiner Liste – Engel und Teufel – kommen in meiner täglichen Rede oder in wissenschaftlichen Erörterungen so wenig vor, daß man ruhig eine ganze Weile zuwarten kann, bis sie erklärt sind. Was die Neutrinos und einige andere physikalische Teilchen betrifft, so glaube ich, daß sie noch nicht philosophisch behandelt werden

---

2 Siehe mein Buch *The Structure of Appearance*, 2. Aufl. (Indianapolis: The Bobbs-Merrill Company, Inc., 1966), Kap. 2, Abschn. 2–3, und die dort angeführten Aufsätze.

können. Doch die miteinander zusammenhängenden Probleme der Dispositionen, der irrealen Bedingungssätze und der Möglichkeit gehören zu den dringendsten und verbreitetsten, denen wir heute in der Erkenntnistheorie und Wissenschaftstheorie gegenüberstehen. Diesen Problemkomplex möchte ich in diesen Vorträgen untersuchen.

Meine Liste zweifelhafter Begriffe ist natürlich keineswegs vollständig. Einige meiner weiteren Vorurteile werden zutage treten, wenn ich bei der Suche nach einer Lösung der erwähnten Probleme auf dieses oder jenes verzichte. Beispielsweise werde ich mich nicht auf die Unterscheidung zwischen kausalen Verknüpfungen und zufälligen Beziehungen stützen, ebensowenig auf die zwischen wesentlichen und künstlichen Gattungen und zwischen analytischen und synthetischen Aussagen. Manche werden diese Bedenken nicht gelten lassen und darauf bestehen, daß es mehr Dinge zwischen Himmel und Erde gebe, als sich meine Philosophie träumen läßt. Mir kommt es mehr darauf an, daß meine Philosophie nicht von mehr Dingen träumt, als es im Himmel oder auf Erden gibt.

Heute wollen wir kurz zunächst das Problem der irrealen Bedingungssätze untersuchen, dann das Problem der Dispositionen und schließlich das der möglichen Gegenstände. Die Gründe für diese Reihenfolge werden im Laufe der Darlegung deutlich werden.

2.2 Irreale Bedingungssätze

Eine verbreitete Redeweise, eine neuere Entwicklung in der Philosophie und die offenkundige Leichtigkeit, mit der man in Form von irrealen Bedingungssätzen über Dispositionen und mögliche Gegenstände sprechen kann, legen es nahe, mit dem Problem der irrealen Bedingungssätze zu beginnen. Mir scheint, daß heute nur noch wenige bereit sind, einen irrealen Bedingungssatz, wie eindrucksvoll er auch vorgebracht werden möge, als eine Erklärung hinzunehmen, die keiner weiteren Analyse bedarf. Der Jurist, der die Frage untersucht, was mit dem Wert eines Landbesitzes gemeint sei, kann sich mit der Aussage zufrieden geben, es sei der Preis, den der Besitz erbringen würde, wenn er von einem bereitwilligen Verkäufer an einen bereitwilligen Käufer verkauft wird; doch der Philosoph (ich jedenfalls) wird das als eine Umformulierung und nicht als eine Antwort auf die Frage ansehen. Trotzdem ist die Ersetzung einer Aussage wie

k war zur Zeit *t* biegsam

durch eine Aussage wie

Wenn *k* zur Zeit *t* einer richtig gewählten Kraft unterworfen worden wäre, hätte sich *k* gebogen

ein offenbar vielversprechender Schritt zur Klärung. Der Dispositionsausdruck »biegsam« wird eliminiert, ohne daß ein so problematisches Wort wie »möglich« herangezogen zu werden braucht; es bleiben offenbar nur Nicht-Dispositionsprädikate übrig, wenn sie auch einen kleinen Schönheitsfehler in Form des Konjunktivs haben. Darüber hinaus scheint die irreale Formulierung bereits eine vorläufige Analyse zu liefern, denn der Bedingungssatz besteht ja aus einfacheren Aussagen. Und wenn man den irrealen Bedingungssatz folgendermaßen auffaßt:

Wenn die Aussage »*k* war zur Zeit *t* einer richtig gewählten Kraft unterworfen« wahr wäre, dann wäre die Aussage »*k* bog sich zur Zeit *t*« wahr,

dann ist der Konjunktiv von den Prädikaten getrennt, und man kann sein Augenmerk auf die Beziehung richten, die zwischen zwei einfachen Aussagesätzen bestehen soll. Wenn man sich derart auf die Ebene der Beziehungen zwischen Aussagen begibt, hat man den Eindruck, von einem ontologischen Problem zu einem sprachlichen über-gegangen zu sein.[3] Man erwartet auch undeutlich, daß die wahrheitsfunktionale Analyse der gewöhnlichen (indi-kativischen) Bedingungssätze irgendwie als ein nützliches Muster für die Analyse der irrealen Bedingungssätze die-nen kann. Alle diese Faktoren – im Verein mit der Aus-sicht, mit einem Schlag die Mittel zur Entwirrung eines ganzen Knäuels von Problemen zu gewinnen – haben, so scheint mir, zu einer bemerkenswerten Belebung des philosophischen Interesses an den irrealen Bedingungs-sätzen in den letzten Jahren beigetragen.

Offensichtlich ergibt sich der Wahrheitswert eines irrealen Bedingungssatzes nicht einfach aus den Wahrheitswerten seiner Bestandteile; denn da Vorder- wie Nachsatz jedes irrealen Bedingungssatzes falsch sind[4], hätten alle irrealen Bedingungssätze nach jedem wahrheitsfunktionalen Kri-terium den gleichen Wahrheitswert. Die Verbindung, die

3 Vgl. die Diskussion bei Morton White, »Ontological Clarity and Semantic Obscurity«, *Journal of Philosophy* 48 (1951), S. 373–380.
4 Hier gebrauche ich den Ausdruck »irrealer Bedingungssatz« in einem engen Sinne, doch es ist oft bequem, dazu auch die halbrealen Bedingungssätze – mit falschem Vordersatz und wahrem Nachsatz – zu zählen.

sie aussagen, muß also auf ganz andere Weise definiert werden. Einige Philosophen freilich betrachten die irrealen Bedingungssätze lieber als Regeln oder Erlaubnisse zum Ziehen von Schlüssen, nicht als Aussagen, die wahr oder falsch sind. Doch ob man nun wahre und falsche Aussagen oder gültige und ungültige Regeln unterscheiden möchte, Aufgabe ist die Auffindung der notwendigen und hinreichenden Bedingungen, unter denen die Verknüpfung von Vorder- und Nachsatz im irrealen Bedingungssatz zutrifft.

Die Beziehung zwischen den Teilaussagen eines wahren irrealen Bedingungssatzes ist selten eine logische Implikation. Die Aussage

> Das Streichholz s entzündet sich zur Zeit t

folgt nach keinem bekannten logischen Grundsatz aus der Aussage

> Das Streichholz s wurde zur Zeit t angestrichen;

vielmehr muß man sich auf einen allgemeinen physikalischen Grundsatz über Streichhölzer berufen. Doch hier ergeben sich zwei Schwierigkeiten.

Einmal entzünden sich Streichhölzer nicht immer, wenn sie angestrichen werden, sondern nur, wenn die Begleitumstände günstig sind. Benennen wir der Bequemlichkeit halber mit »A« folgenden irrealen Bedingungssatz:

> Wenn s zur Zeit t angestrichen worden wäre, hätte sich s entzündet.

A besagt nicht bloß, wenn die Umstände günstig gewesen wären, dann hätte sich das Streichholz entzündet; es besagt, daß die Umstände günstig *waren*. Ein irrealer Bedingungssatz ist genau dann wahr, wenn der Vordersatz in Verbindung mit wahren Aussagen über maßgebende Begleitumstände mit Hilfe eines wahren allgemeinen Grundsatzes den Nachsatz liefert. Doch was für Aussagen kommen in Frage? Im Falle von A sicher nicht alle wahren Aussagen über s zur Zeit t; denn einige von diesen (z. B. »s wurde zur Zeit t nicht angestrichen« und »s entzündete sich nicht zur Zeit t«) sind mit dem Vordersatz oder dem Nachsatz unverträglich. Man erkennt bald, daß weitere Ausschlußregeln nötig sind; und nach einer langen Reihe vergeblicher Versuche, zu einer brauchbaren Formel zu kommen, die nicht selbst ein irrealer Bedingungssatz und damit zirkulär ist, zeigt sich, daß diese Seite des Problems sehr dornig ist.[5]

Zweitens kann nicht jeder wahre allgemeine Grundsatz einen irrealen Bedingungssatz begründen. Es ist wahr, daß niemand, der sich jetzt in diesem Zimmer befindet, der Gefahr des Erfrierens ausgesetzt ist. Es ist ebenfalls wahr, daß alle Menschen, die sich jetzt in diesem Zimmer befinden, Englisch sprechen. Betrachten wir nun einen bestimmten Eskimo, der in diesem Augenblick irgendwo in der Arktis fast erfroren ist. Wenn er sich jetzt in diesem Zimmer befinden würde, dann wäre er nicht der Gefahr des Erfrierens ausgesetzt, aber er würde nicht Englisch sprechen. Woher kommt der Unterschied? Man könnte sagen, die Verallgemeinerung über die Sicherheit vor dem

5 Doch sie wird in der Literatur über irreale Bedingungssätze oft übersehen. Das Problem der maßgebenden Bedingungen – das sich am schärfsten in Form des Problems der gleichzeitigen Behauptbarkeit stellt (siehe 1.2) – läßt sich nicht, wie einige Autoren zu glauben scheinen, auf irgendeine einfache und naheliegende Weise auf das Problem des Gesetzes zurückführen.

Erfrieren drücke eine Kausalbeziehung aus oder folge aus einem *Gesetz*, während die Verallgemeinerung über die Beherrschung des Englischen nur zufällig wahr sei; doch diese Definition des Unterschieds ist eine problematische Sache. Da wir bald erneut auf das Problem stoßen werden, möchte ich im Augenblick nicht auf Einzelheiten eingehen; doch diese zweite Seite des Problems der irrealen Bedingungssätze ist, wie die erste, von solchem Kaliber, daß sie vielen nachhaltigen Bemühungen um ihre Lösung getrotzt hat.

Diese Schwierigkeiten und die ungetrübte Geschichte der Enttäuschungen bei den Versuchen zu ihrer Überwindung haben unsere anfängliche Hoffnung, unsere Probleme verhältnismäßig mühelos mittels der Untersuchung des irrealen Bedingungssatzes behandeln zu können, fast völlig schwinden lassen. Wir sind von einer Lösung des Problems der irrealen Bedingungssätze noch sehr weit entfernt[6]; und vorher werden wir vielleicht einen anderen Weg versuchen wollen. Nachdem wir eine Reihe von Jahren gegen die gleiche Mauer angerannt und eifrig in die gleichen Sackgassen hineingelaufen sind, könnte eine Änderung der Strategie begrüßenswert sein, wenn auch nur, weil sie psychologisch wohltut. Doch mir scheint, es gibt mindestens zwei bessere Gründe dafür, sich eine Zeitlang dem Problem der Dispositionen zuzuwenden.

6 Mit dieser Auffassung stehe ich nicht allein. Beispielsweise schrieb kürzlich Roderick Chisholm in *Philosophy and Phenomenological Research* 14 (September 1953), S. 120 in seiner Besprechung meines Aufsatzes über die irrealen Bedingungssätze: »Mir scheint, man kann ohne weiteres behaupten, das umfangreiche Material, das seitdem über dieses schwierige philosophische Problem veröffentlicht worden ist, habe keinerlei neue Gesichtspunkte gebracht.«

Zunächst einmal geht es bei der Behandlung irrealer Bedingungssätze weniger darum, was gesagt wird, als wie es gesagt wird. Man beschäftigt sich ausdrücklich mit einer Aussage*form*, und die Analyse, um die wir uns bemühen, ist weitgehend von der Struktur des Bedingungssatzes bestimmt. Diese erschien anfangs als wertvolle Hilfe, könnte aber unterdes zu einem Hindernis geworden sein. Gerade der analytische Rückschritt zu Dispositionsaussagen, die im Indikativ stehen und eine einfache Form haben, könnte uns den Zugang zu einem besseren Schema der Analyse ermöglichen.

Zweitens vermute ich, daß das Problem der Dispositionen einfacher ist als das der irrealen Bedingungssätze. Das könnte angesichts der Tatsache, daß beide Arten von Aussagen vollständig ineinander überführbar sind, merkwürdig klingen; doch es zeigt sich, daß den gewöhnlichen Dispositionsaussagen oft ganz besonders schwache irreale Bedingungssätze entsprechen. Sei *h* ein Stück trockenes Holz während einer gegebenen kurzen Zeitspanne. Man geht im allgemeinen davon aus, daß einer Aussage wie

h ist brennbar

ein gewöhnlicher irrealer Bedingungssatz entspricht wie

Wenn *h* genügend erhitzt worden wäre, hätte es gebrannt.

Sieht man aber näher zu, so lassen sich leicht Umstände angeben – etwa Sauerstoffmangel in der Umgebung von *h* –, unter denen die Dispositionsaussage wahr und der irreale Bedingungssatz falsch ist. Eine Übersetzung, die zu keiner solchen Unstimmigkeit führt, muß wieder auf einen so vorsichtigen irrealen Bedingungssatz zurückgreifen wie

> Wenn alle Bedingungen günstig gewesen wären und *h* genügend erhitzt worden wäre, hätte es gebrannt.

Grob gesprochen, sagt die Dispositionsaussage ausschließlich etwas über den »inneren Zustand« von *h*, während unser ursprünglicher irrealer Bedingungssatz auch etwas über die Begleitumstände aussagt; der entscheidende Punkt ist, daß die Dispositionsaussage schwächer ist. Und in der Unterschiedszone könnten einige der Hindernisse liegen, die uns bisher aufgehalten haben.

Das also sind einige der Gründe dafür, das Problem der irrealen Bedingungssätze eine Weile auf die Seite zu legen und sich um das Problem der Dispositionen zu bemühen; ich behaupte aber keineswegs, diese Umstellung löse an sich irgendein Problem oder sei ein Königsweg des Fortschritts.

2.3 Dispositionen

Neben den beobachtbaren Eigenschaften, die ein Gegenstand aufweist, und den tatsächlichen Vorgängen an ihm ist er voller Drohungen und Versprechungen. Die Dispositionen oder Fähigkeiten eines Gegenstandes – seine Biegsamkeit, Brennbarkeit, Löslichkeit – sind für uns nicht weniger wichtig als sein wahrnehmbares Verhalten, doch sie erscheinen uns vergleichsweise als recht ätherisch. Und so wollen wir herausfinden, ob man sie auf die Erde herunterholen kann; das heißt, ob man Dispositionsausdrücke erklären kann, ohne sich auf irgendwelche verborgenen Kräfte zu berufen.

Man sollte wohl gleich zu Beginn feststellen, daß mehr Prädikate, als man manchmal annimmt, Dispositionsausdrücke sind. Sie haben nicht immer eine sinnfällige Endung wie »-bar«. Wenn man sagt, etwas sei hart, so ist das ebenso, wie wenn man sagt, es sei biegsam, eine Aussage über eine Möglichkeit. Ein biegsamer Gegenstand ist einer, der sich unter einer geeigneten Kraft biegen kann; ein harter Gegenstand ist einer, der dem Abrieb durch die meisten anderen Gegenstände widerstehen kann. Und schließlich ist ein roter Gegenstand einer, der bei bestimmter Beleuchtung einen bestimmten Farbeindruck hervorrufen kann; und ein würfelförmiger Gegenstand ist einer, auf den in bestimmter Weise quadratische Schablonen und Meßinstrumente passen können. In der Tat hat fast jedes Prädikat, das im allgemeinen als Beschreibung einer dauernden objektiven Eigenschaft eines Gegenstandes aufgefaßt wird, in gleichem Maße Dispositionscharakter. Wenn man manifeste oder Nicht-Dispositionsprädikate von Gegenständen finden will, muß man sich an solche halten, die Ereignisse beschreiben – Prädikate wie »biegt sich«, »zerbricht«, »brennt«, »löst sich auf«, »sieht rot aus« oder »stellt sich bei Prüfung als quadratisch heraus«. Mit der Verwendung eines solchen Prädikats sagt man, daß etwas Bestimmtes tatsächlich mit dem betreffenden Gegenstand geschehe; mit einem Dispositionsprädikat dagegen spricht man nur davon, was geschehen kann.[7]

7 Ich bilde mir nicht ein, das sei eine brauchbare Definition des Unterschieds zwischen manifesten und Dispositionsprädikaten. Dieser Unterschied kann, wie der zwischen Grundausdrücken und definierten

Doch jetzt erkennt man, daß es etwas irreführend ist, das Problem der Dispositionen als das der Erklärung verborgener Eigenschaften mittels manifester aufzufassen. Denn auch die manifesten Eigenschaften, die wir als Beispiele angeführt haben, können kaum als Bestandteile unserer Welt zugelassen werden. Es gibt brennbare und brennende Gegenstände, aber ich möchte nicht sagen, es gebe irgendeinen Gegenstand wie die Eigenschaft brennbar oder die Eigenschaft brennend. Das Prädikat »brennt« wie auch das Prädikat »brennbar« sind Wörter oder Bezeichnungen, die auf bestimmte wirkliche Gegenstände zutreffen und die Klasse dieser Gegenstände als ihre Extension haben. Die Verwendung dieser Prädikate bedeutet nicht, daß sie Entitäten, nämlich Eigenschaften, bezeichnen würden[8]; die Prädikate bezeichnen lediglich die Gegenstände, auf die sie zutreffen. Ein Dispositionsprädikat ist wie ein manifestes Prädikat einfach ein Ausdruck, der

Ausdrücken, ganz relativ sein. Ein Prädikat wie »biegt sich« kann in einem phänomenalistischen System ein Dispositionsausdruck sein; vielleicht gibt es keine Ausdrücke, die in allen Systemen manifest sind – so wie es keine gibt, die in allen Systemen Grundausdrücke sind. Die spezielle oben getroffene Unterscheidung ist also wohl am besten als bequeme und naheliegende Veranschaulichung des allgemeinen Problems zu nehmen, Dispositionsprädikate mittels irgendwelcher als manifest festgelegter Prädikate zu analysieren.

8 Zur nicht-bezeichnenden Funktion der Prädikate siehe verschiedene Aufsätze von W. V. Quine, als neueste die Essays 1 und 2 in seinem Buch *From a Logical Point of View*, Cambridge (Mass.) und London 1953. Doch für meinen gegenwärtigen Zweck ist es nicht von Bedeutung, daß der Leser Quines Auffassungen zustimmt. Oben geht es mir in erster Linie darum, daß sich das Problem der Dispositionsprädikate nicht daraus ergibt, daß ihnen eine Bezeichnungsfunktion fehlte, die bei den manifesten Prädikaten vorläge.

auf wirkliche Gegenstände zutrifft; zu seiner Extension brauchen keine nicht-wirklichen Gegenstände zu gehören.

Das Besondere an den Dispositionsprädikaten ist, daß sie anscheinend auf Gegenstände im Hinblick auf mögliche und nicht wirkliche Ereignisse angewendet werden – und mögliche Ereignisse sind für uns ebensowenig als unerklärte Elemente zulässig wie verborgene Fähigkeiten. Das Problem ist also, zu erklären, wie Gegenständen Dispositionsprädikate allein aufgrund wirklicher Ereignisse, aber doch in Übereinstimmung mit der üblichen wissenschaftlichen Verwendung zugeschrieben werden können. Mit anderen Worten, wir brauchen ein Kriterium für die richtige Zuschreibung von Dispositionsprädikaten an Gegenstände, das nur von wirklichen Ereignissen Gebrauch macht, d. h. von manifesten Prädikaten.

Ein naheliegender erster Vorschlag wäre, das Dispositionsprädikat einfach als zusammenfassende Beschreibung bestimmter Seiten der gesamten Geschichte eines Gegenstandes aufzufassen. Daß ein Gegenstand biegsam sei, hieße also, daß er sich stets biegt, wenn er einer passenden Kraft unterworfen wird. Doch die Schwächen dieses allzu einfachen Vorschlags sind bekannt. Er führt dazu, daß selbst der starrste Gegenstand als biegsam zu bezeichnen ist, wenn er nie einer passenden Kraft unterworfen wird; denn ein solcher Gegenstand biegt sich bei allen Gelegenheiten (von denen es keine gibt), bei denen er einer passenden Kraft unterworfen ist. Und dieser Vorschlag berücksichtigt auch nicht die Tatsache, daß ein Gegenstand, der zu verschiedenen Zeiten passenden Kräften unterworfen ist und sich dabei stets biegt, doch zu anderen Zeiten nicht biegsam sein kann, etwa wenn seine Temperatur sehr niedrig ist. Kurz, ein Dispositionsprädikat kann auf einen Gegenstand zutreffen, wenn das entsprechende manifeste Prädikat überhaupt nicht zutrifft. Ein Gegenstand, der sich nie biegt, kann trotzdem biegsam sein; ein brennbarer Gegenstand braucht nie in Flammen aufzugehen.

An diesem Punkt drängt sich bekanntlich zwingend der Gedanke auf, daß ein Gegenstand biegsam ist, auch wenn er sich nie biegt, sofern er sich biegen würde, wenn er einer passenden Kraft unterworfen würde. Doch damit bleibt man nicht mehr bei dem, was tatsächlich geschieht, sondern spricht auch davon, was unter gewissen möglichen Bedingungen geschehen würde. Außerdem haben wir gesehen, daß diese Übersetzung von Dispositionsprädikaten oft unrichtig ist, und daß man ohnehin nichts gewinnt, wenn man das Problem der Dispositionen gegen das der irrealen Bedingungssätze eintauscht. Sehen wir uns also nach einem aussichtsreicheren Weg um.

Wenn man mit einer bestimmten Disposition, etwa der Biegsamkeit, zu tun hat, kann man mit Prädikaten wie »biegt sich« und »(ist) einer passenden Kraft unterworfen« anfangen. Treffen beide einmal zur gleichen Zeit zu, dann trifft das Prädikat »biegt sich unter einer passenden Kraft« zu; und wenn »einer passenden Kraft unterworfen« zutrifft, »biegt sich« aber nicht, dann trifft das Prädikat »biegt sich unter einer passenden Kraft nicht« zu. Der Einfachheit halber wollen wir keine langlebigen physikalischen Gegenstände betrachten, sondern zeitliche Ausschnitte von solchen, die kurz genug sind, daß in keinem von ihnen zwei verschiedene Gelegenheiten liegen, bei denen der Gegenstand einer passenden Kraft unterworfen war. Wir wollen auch von jetzt an kurz für »biegt sich unter einer passenden Kraft« »biggt« und für »biegt sich unter einer passenden Kraft nicht« »nonbiggt« sagen.

Nun schließen sich »biggt« und »nonbiggt« gegenseitig aus, und eines davon trifft immer auf einen Gegenstand zu, der einer passenden Kraft unterworfen ist; doch auf andere Gegenstände trifft keines von ihnen zu. Wenn also »biggt« auf einen Gegenstand nicht zutrifft, so kann man nicht allgemein schließen, daß »nonbiggt« zutrifft. Doch im Bereich der Gegenstände, die einer passenden Kraft unterworfen sind, bilden die beiden Prädikate nicht nur eine Dichotomie, sondern fallen genau mit »biegsam« und »nicht biegsam« zusammen. Diese Dichotomie setzen die Dispositionsprädikate gewissermaßen auf eine größere oder sogar die Allklasse der Gegenstände fort; ein Prädikat wie »biegsam« läßt sich also als Erweiterung oder Fortsetzung eines Prädikates wie »biggt« auffassen. Das Problem besteht darin, solche Fortsetzungen lediglich mittels manifester Prädikate zu definieren.

Jeder weiß, so hört man oft, daß ein Gegenstand, der keiner Kraft unterworfen ist, biegsam genannt wird, wenn er von der gleichen Art ist wie Gegenstände, die biggen; mit anderen Worten, wenn unter den Gegenständen, die einer passenden Kraft ausgesetzt sind, »biggt« genau auf die Gegenstände der Art K zutrifft, dann trifft »biegsam« genau auf die Gegenstände der Art K zu, ob sie nun einer Kraft unterworfen sind oder nicht. Nichts könnte wesentlich einfacher sein – aber auch nichts wesentlich nichtssagender. Denn wann sind zwei Gegenstände von der gleichen Art? Daß sie beide irgendeiner Klasse zugehören, genügt nicht; denn *jedes beliebige* Paar von Gegenständen gehört zu irgendeiner Klasse. Und daß beide zu genau denselben Klassen gehören sollen, wäre viel zuviel gefordert; denn zwei Gegenstände gehören niemals genau denselben Klassen an. Vielleicht hieße dann von der gleichen Art sein: die gleichen »wesentlichen« Eigenschaften haben? Ich verschone Sie mit einer Polemik gegen den Begriff des Wesens und vermerke nur, daß es im gegenwärtigen Zusammenhang nicht einmal viel helfen dürfte, wenn man die Unterscheidung zwischen wesentlich und zufällig gelten lassen würde. Denn unser Problem ist zwar, eine Erklärung mittels manifester Prädikate zu finden, doch es könnte sich durchaus herausstellen, daß nur Dispositionsprädikate wesentlich und alle manifesten Prädikate zufällig sind.[9]

Es kommt nicht darauf an, wie wesentlich eine Eigenschaft ist, sondern wie sie sich zu der manifesten Eigenschaft verhält, von der man ausgeht. Sind gewisse andere manifeste Eigenschaften irgendwie eng mit dem Biggen verbunden und keine bloß gelegentlichen Begleiterscheinungen davon, so ist ihr Vorliegen bei einem Gegenstand, der keiner Kraft unterworfen ist, ein Grund dafür, ihn als biegsam anzusehen. Mit anderen Worten, man kann »biegsam« definieren, wenn man ein manifestes Hilfsprädikat findet, das mit »biggt« über »kausale« Grundsätze oder *Gesetze* auf geeignete Weise zusammenhängt. Das Problem

9 Denn die wesentlichen Eigenschaften der Gegenstände werden gewöhnlich als dauernd vorgestellt, und gerade die Prädikate für dauernde Eigenschaften werden gewöhnlich als Dispositionsprädikate angesehen. Wer also das Problem der Dispositionen mit Hilfe von Klassen lösen will, die anhand der Mikrostruktur der Gegenstände definiert sind, bewegt sich oft im Kreise; denn zu den Dispositionsprädikaten, die erklärt werden sollen, gehören gerade die Prädikate, die zur Beschreibung dieser Strukturen verwendet werden müssen.

der Dispositionen besteht in der Definition der Art dieser Verbindung: Es muß eine Beziehung angegeben werden derart, daß, wenn das ursprüngliche manifeste Prädikat »Q« in dieser Beziehung zu einem anderen manifesten Prädikat oder einer Konjunktion manifester Prädikate »A« steht, »A« mit dem Dispositions-Gegenstück des Prädikats »Q« – »Q-bar« oder »Q_D« – gleichgesetzt werden kann. Doch die Frage, wann eine solche »kausale« Verknüpfung besteht, oder wie Gesetze von zufälligen Wahrheiten unterschieden werden können, ist besonders verwirrend.

In diesem düsteren Bild läßt sich ein kleiner Lichtblick entdecken. Zunächst halte man sich vor Augen, daß die Lösung des allgemeinen Problems nicht automatisch eine Definition für jedes einzelne Dispositionsprädikat liefern wird; man braucht zusätzliche spezielle Kenntnisse, um das Hilfsprädikat zu finden, das der allgemeinen Formel genügt – d. h. in der geforderten Beziehung zu dem ursprünglichen manifesten Prädikat steht. Doch andererseits ist eine brauchbare Definition eines gegebenen Dispositionsprädikats nicht in allen Fällen auf die Lösung des allgemeinen Problems angewiesen. Wenn man mit Glück oder aufgrund besonders umfangreicher Spezialkenntnisse ein manifestes Prädikat »P« findet, von dem man überzeugt ist, daß es auf die gleichen Fälle zutrifft wie »biegsam«, so kann man »P« als definiens für »biegsam« nehmen, ohne sich weiter um die Art seiner Verbindung mit »biggt« zu kümmern. Das muß man sich vor Augen halten, weil man bei jeder Untersuchung, auch der gegenwärtigen, gelegentlich finden kann, daß ein wesentlicher Fortschritt möglich ist, wenn ein bestimmtes Dispositionsprädikat definiert werden kann. In diesem Falle sollte das Fehlen einer allgemeinen Formel nicht von einem ernsthaften Versuch abschrecken, das betreffende Prädikat zu definieren.

Manche wenden natürlich ein, der Versuch, gewöhnliche physikalische Dispositionsausdrücke zu definieren, sei philosophisch unmoralisch.[10] Der Wissenschaftler, so sagt man, definiere nie einen solchen Ausdruck; er gebe seine Bedeutung nur teilweise an, und zwar immer genauer, je mehr er lerne. Wenn man also das wissenschaftliche Vorgehen richtig darstellen wolle, müsse man diese Ausdrücke als Grundausdrücke mittels Axiomen einführen und nach Bedarf neue Axiome hinzufügen.[11] Das hat nichts

10 Die in diesem und dem folgenden Absatz diskutierte Auffassung ist inzwischen so einflußreich geworden, daß ich auch um den Preis einer Abschweifung von der Hauptlinie unserer Untersuchung auf sie eingehen zu müssen glaubte. Siehe Carnap, »Testability and Meaning«, *Philosophy of Science* 3 (1936), insbes. S. 449; Kaplan, »Definition and Specification of Meaning«, *Journal of Philosophy* 43 (1946), S. 281–288, sowie meine Besprechung dieses Aufsatzes in *Journal of Symbolic Logic* 11 (1946), S. 80; schließlich Hempel, *Fundamentals of Concept Formation*, Chicago 1952, S. 28–29.

11 Es gibt genau zwei Möglichkeiten, Ausdrücke in ein System einzuführen: (1) als Grundausdrücke, (2) durch Definition. Passagen aus dem Aufsatz Carnaps, auf den in Anm. 10 zu diesem Kapitel verwiesen wurde, erwecken den Eindruck, als gebe es eine neue, dritte Art der Einführung von Ausdrücken: durch Reduktionssätze. Carnap schreibt beispielsweise (S. 443): »Wenn man eine Wissenschaftssprache konstruieren möchte, muß man einige deskriptive (d. h. nichtlogische) Ausdrücke als Grundausdrücke nehmen. Weitere Ausdrücke lassen sich dann nicht nur mittels expliziter Definitionen, sondern auch mittels anderer Reduktionssätze einführen. Die Möglichkeit der Einführung ... durch physikalische Reduktion ist für die Wissenschaft von großer Bedeutung, aber bisher in der logischen Analyse der Wissenschaft nicht genügend beachtet worden.« Das ist ziemlich irreführend; denn die Einführung eines Ausdrucks mit Hilfe von Reduktionsaxiomen ist nichts anderes als seine Einführung als nicht eliminierbaren Grundausdruck.

mit dem zu tun, was ich das allgemeine Problem der Dispositionen nenne, sondern mit der Frage der Definition spezieller Dispositionsausdrücke; doch auch hier erscheint mir der Gesichtspunkt als abwegig. Nach meiner Auffassung hat die Philosophie die Aufgabe, die Wissenschafts- (und die Alltags-)sprache zu explizieren, nicht die wissenschaftlichen oder Alltags-Verfahren zu beschreiben. Die Explikation muß zwar auf die vorsystematische Verwendung der Ausdrücke Rücksicht nehmen, braucht aber nicht der Art oder Reihenfolge ihrer vorsystematischen Einführung zu entsprechen; vielmehr muß sie sich um größtmögliche Systematik und Deutlichkeit bemühen. Ein berechtigter und hinreichender Grund für die Einführung von Ausdrücken bei Erklärungen möglichst durch Definition statt als Grundausdrücke ist also die dadurch erzielte Sparsamkeit und Vereinheitlichung. Das Argument, man solle besser auf die Definition eines Ausdrucks bei Erklärungen verzichten, falls er nicht üblicherweise von Wissenschaftlern oder Laien definiert werde, ähnelt dem Argument, die Philosophie brauche nicht systematisch zu sein, soweit nicht die von ihr beschriebene Wirklichkeit systematisch sei. Ebensogut könnte man sagen, die Philosophie solle nicht auf Deutsch geschrieben werden, da die Welt nicht auf Deutsch geschrieben sei. Es liegt kein wirkliches Verdienst in dem Verzicht auf eine Definition der Dispositionsausdrücke.

Trotzdem wird manchmal behauptet, die Definition auch nur der gewöhnlichsten Dispositionsprädikate sei so unmäßig schwierig, daß der Verzicht auf andere Mittel zu ihrer Einführung dazu zwinge, entweder ganz auf sie zu verzichten oder vorläufige Definitionen zu benutzen, die bald zurückgezogen werden müßten. Dabei wird übersehen, daß man immer, wenn man Reduktionsaxiome für gegebene Dispositionsprädikate aufstellen möchte, statt dessen die Möglichkeit hat, Definitionen für beschränktere Dispositionsprädikate aufzustellen. Wenn man etwa zu dem Schluß kommt, das Auftreten eines bestimmten Spektrums sei ein gutes Anzeichen für die Biegsamkeit eines Gegenstandes, aber die Möglichkeit anderer Prüfverfahren offen halten möchte, die nützlich sein könnten, wenn weder eine passende Kraft ausgeübt noch eine spektroskopische Untersuchung angestellt werden kann, dann kann man das Prädikat »unter Kraft oder gemäß spektroskopischer Untersuchung biegsam« und das Prädikat »unter Kraft oder gemäß spektroskopischer Untersuchung nicht biegsam« definieren.[12] Dadurch wird die Dichotomie »biggt«-»nonbiggt« definitorisch auf einen größeren, wenn auch nicht allumfassenden Bereich fortgesetzt, und es hat den Vorteil, daß die eingeführten Prädikate vollständig eliminierbar sind.

Doch diese Abschweifung über die Wünschbarkeit von Definitionen für Dispositionsprädikate trägt keineswegs zur Lösung des im Mittelpunkt stehenden dringenden Problems

---

12 Das erste dieser beiden in Anführungszeichen gesetzten Prädikate wird so definiert, daß es genau auf die Gegenstände zutrifft, die entweder einer passenden Kraft unterworfen sind und sich biegen oder spektroskopisch untersucht werden und das betreffende Muster zeigen; das zweite wird so definiert, daß es genau auf die Gegenstände zutrifft, die entweder einer passenden Kraft unterworfen sind und sich nicht biegen oder spektroskopisch untersucht werden und das betreffende Muster nicht zeigen. (Diese Formulierungen sind, wie auch Textteile weiter oben, vereinfacht worden, indem »Gegenstand« nicht für langlebige Gegenstände, sondern für kurze zeitliche Ausschnitte von solchen verwendet wird.)

bei, welcher Art die Beziehung zwischen den ursprünglichen manifesten Prädikaten und den zu ihrer Fortsetzung verwendeten manifesten Prädikaten ist. Dieses allgemeine Problem der Dispositionen bleibt unabhängig von der Entscheidung, ob solche Hilfsprädikate, wenn sie gefunden werden, in Definitionen oder Reduktionsaxiomen verwendet werden sollen.

Zum Abschluß dieser kurzen Betrachtung des Problems der Dispositionen möchte ich zwei Punkte für das folgende festhalten: die Formulierung des allgemeinen Problems und die Erkenntnis, daß manifeste wie auch Dispositionsprädikate Bezeichnungen zur Klassifikation *wirklicher* Gegenstände sind.

2.4 Mögliche Gegenstände

Dispositionsaussagen lassen sich so auffassen, daß sie über wirkliche Dinge sprechen; doch wie steht es mit anderen Aussagen, die über mögliche Gegenstände zu sprechen scheinen?

Beginnen wir mit einem Fall, der mit unserer bisherigen Diskussion ziemlich wenig zu tun hat. Angenommen, man verwende anstelle einer physikalistischen Dingsprache eine phänomenalistische Sprache, für die die Elemente Örter des Gesichtsfeldes, Augenblicke der erlebten Zeit, minimale Farberscheinungen, Lautwahrnehmungen usw. sind.[13] Nun gibt es Augenblicke – etwa wenn ein Auge geschlossen ist –, in denen das Gesichtsfeld kleiner ist (d. h. weniger

13 Ein solches System wird skizziert in *The Structure of Appearance* (vgl. Anm. 2 zu diesem Kapitel); siehe insbes. Kap. 6.

phänomenale Örter enthält) als in anderen Augenblicken.
Nehmen wir einen Zeitpunkt t, zu dem das Gesichtsfeld
dieserart verengt sei, und einen bestimmten Ort p, der
zu diesem Zeitpunkt nicht repräsentiert sei. Sowohl p
als auch t sind wirkliche phänomenale Elemente[14], aber
es gibt keinen Gegenstand, der der aus p und t bestehende
Zeit-Ort wäre. Trotzdem muß man oft über diesen fiktiven Zeit-Ort sprechen. Welche (mögliche) Farbe er z. B.
hat, gilt als sinnvolle Frage und und kann ein wichtiger
Wissensbestandteil sein.

Wir haben hier ein sehr einfaches Beispiel dafür vor uns,
wie Lücken in der wirklichen Erfahrung mit einem Ge-
webe von möglichen Gegenständen ausgefüllt werden. Die
Frage, was man mit solchen fiktiven oder möglichen Sinnesdaten machen soll, tritt dem Phänomenalisten in einem
frühen Stadium seiner Arbeit entgegen. Ich fürchte, daß
er sich allzu oft dazu versteht, mögliche Sinnesdaten neben
wirklichen sozusagen ins Kellergeschoß hereinzulassen.
Vielleicht kann er sich so weit bringen, daß es ihm darob
nicht den Atem verschlägt oder er nicht rot wird, doch
seine Kritiker kreiden ihm befriedigt ein folgenschweres
Zugeständnis an.

Um zu unserem Beispiel zurückzukommen, die Situation
ist folgende: es gibt keinen Zeit-Ort Ort-p-zur-Zeit-t,
und jede Aussage, daß eine Farbe an diesem Zeit-Ort

14 Diese Aussage ist natürlich als zeitlos zu verstehen. In diesem
Sinne ist ein Ort oder eine Farbe, die zu irgendeiner Zeit auftritt,
wirklich, ganz wie Thales ein wirklicher Mensch ist. Eine wirkliche
Farbe oder ein wirklicher Ort brauchen nicht zu allen Zeiten aufzu-
treten, ebensowenig wie ein wirklicher Mensch ewig leben muß.
Siehe *The Structure of Appearance* (vgl. Anm. 2 zu diesem Kapitel),
Kap. 6, Abschn. 4, sowie Kap. 11.

vorkomme, ist falsch. Wie kann man dann die gewünschte Frage bezüglich der Farbe an diesem fiktiven Zeit-Ort formulieren, ohne ihn als Element einzuführen? Man kann die Frage natürlich als irrealen Bedingungssatz formulieren; doch wie wir sahen, hilft das nur wenig weiter.

Als erstes ist bei unserem Beispiel festzustellen, daß es zwar keinen Zeit-Ort *p*-zur-Zeit-*t* gibt, *wohl aber* den wirklichen Gegenstand, der aus *p* und *t* besteht, ob man ihn nun als Klasse $\{p, t\}$ betrachten will oder, wie ich es hier tun möchte, als Summengegenstand $p + t$.[15] Da die Bestandteile dieses Gegenstandes keine bestimmte Beziehung zueinander aufweisen, ist er ebensowenig ein Zeit-Ort, wie das verstreute Ganze, das aus dem Fahrgestell eines Autos und dem Aufbau eines anderen auf der anderen Straßenseite besteht, ein Auto ist. Mit anderen Worten, das Prädikat »Zeit-Ort« trifft zwar auf viele Gegenstände zu, die aus einem Ort und einer Zeit bestehen, aber nicht auf alle, z. B. nicht auf $p + t$. Spricht man von dem »fiktiven« oder »möglichen« Zeit-Ort $p + t$, so spricht man nicht von einem neuen wirklichen Gegenstand, sondern sagt etwas über den alten wirklichen Gegenstand $p + t$, d. h. wendet ein neues Prädikat auf ihn an. Für manche Zwecke möchte man alle Zeit-Orte und einige andere Gegenstände wie $p + t$ zusammen unter

---

15 Das Zeichen »+«, wie es hier verwendet wird, gehört zum Individuenkalkül; »$p + t$« bezeichnet einfach das Ganze, das aus *p* und *t* besteht. Der Leser, der eine genauere Erklärung wünscht, möge Kap. 2, Abschn. 4 von *The Structure of Appearance* (vgl. Anm. 2 zu diesem Kapitel) heranziehen; wem vor dem Gedanken schaudert, Individuen zu addieren, der möge statt dessen in der gegenwärtigen Erörterung durchwegs »$\{p, t\}$« einsetzen, was die Klasse bezeichnet, die *p* und *t* als Elemente hat.

einen Begriff bringen. Dazu dienen gewöhnlich Prädikate wie »möglicher Zeit-Ort«. Die Klasse der möglichen Zeit-Orte ist also nichts als eine bestimmte Klasse wirklicher Gegenstände, die die kleinere Klasse der wirklichen Zeit-Orte einschließt.

Die Beziehung zwischen den Prädikaten »Zeit-Ort« und »möglicher Zeit-Ort« ähnelt also stark derjenigen zwischen »biggt« und »biegsam«, und nur grammatische Bedenklichkeit hindert uns, $p + t$ »zeit-ort-bar« statt »möglichen Zeit-Ort« zu nennen. Unsere Darstellung verlagert natürlich, wie bei den Dispositionsausdrücken, den entscheidenden Punkt auf die Frage, wie die Fortsetzung erfolgt. Im vorliegenden Beispiel ist sie zufällig einfach; »möglicher Zeit-Ort« läßt sich nämlich ohne weiteres definieren als zutreffend auf genau die Gegenstände, die aus einem Ort und einer Zeit bestehen. Doch gelegentlich verwendet man wohl das gleiche Prädikat für eine weitere oder engere und schwerer definierbare Klasse als diese. Und andere Fragen wie die, welche Farbe an $p + t$ vorkommt (oder, wie wir es jetzt formulieren können, welches Farbprädikat auf $p + t$ fortzusetzen ist), können höchst schwierige Probleme der Fortsetzung aufwerfen. Immerhin ist eine Möglichkeit mindestens angedeutet worden, einige scheinbare Bezugnahmen auf nicht-wirkliche Sinnesdaten anders zu interpretieren.

Um den Hauptpunkt zu wiederholen: Ist $p + t$ kein Zeit-Ort, so daß dort keine Farbe vorkommen kann, so trifft das Prädikat »Zeit-Ort« offenbar nur auf gewisse andere Ganze zu, die aus einem Ort und einer Zeit bestehen, und das Prädikat »karmesinrot« (d. h. »Karmesinrot kommt vor an«) trifft nur auf einige dieser Zeit-Orte zu.

Die verkürzte Aussage, der Zeit-Ort $p + t$ sei karmesin-rot, ist dann so aufzufassen, daß sie zwei Fortsetzungen enthält. Sie setzt sowohl das Prädikat »Zeit-Ort« als auch das Prädikat »karmesinrot« auf den wirklichen Gegenstand $p + t$ fort; oder besser, sie wendet auf $p + t$ eine bestimmte Fortsetzung von »Zeit-Ort« und eine bestimmte Fortsetzung von »karmesinrot« an.

Doch wie soll man in einem Fall verfahren, in dem man gewissermaßen keine Lücken ausfüllt, sondern anstelle wirklicher Erlebnisse andere Möglichkeiten beschreibt? Angenommen etwa, an einem bestimmten wirklichen Zeit-Ort $p_1 + t_1$ trete die Farbe Smaragdgrün tatsächlich auf; jedoch (etwa weil ich eine Wand ansah, die in blauen und grünen Streifen bemalt war) »wäre« die Farbe Kobaltblau am Ort p_1 des Gesichtsfelds zur Zeit t_1 »aufgetreten«, wenn mein Kopf zu dieser Zeit weiter nach rechts gedreht gewesen wäre. Betrachten wir nun die Aussage, an diesem Zeit-Ort $p_1 + t_1$ wäre die Farbe Kobaltblau unter dem hypothetischen Umstand (nennen wir ihn »U«) aufgetreten, daß mein Kopf etwas mehr nach rechts gedreht gewesen wäre, als es tatsächlich der Fall war. Dieses Problem sieht anders aus als das erste, da es hier keine Gegenstände wie unser altes $p + t$ gibt, die darauf warten, daß ihnen Farben zugeschrieben werden; der wirkliche Zeit-Ort $p_1 + t_1$ hat bereits eine Farbe, und er kann keine weitere haben. Es scheint, daß wir hier nicht unsere wirklichen Erfahrungen ergänzen, sondern eine ganze neue mögliche Erfahrung darzustellen beginnen. Trotzdem läßt sich dieser Fall ganz entsprechend behandeln. Wenn man sagt, $p_1 + t_1$ sei tatsächlich grün, aber der Möglichkeit nach (d. h. unter dem Umstand U) blau, so läuft das darauf hinaus, daß man $p_1 + t_1$ neben dem Prädikat »grün« ein Prädikat wie »U-blaumöglich« zuschreibt.[16] Dieses Prädikat setzt wieder lediglich das Prädikat »blau« auf einen größeren Bereich wirklicher Gegenstände fort. Und wie »U-blaumöglich« auf denselben Zeit-Ort zutreffen kann wie »grün«, so auch weitere Prädikate; seien etwa V, W, X weitere Umstände, so können auch die Prädikate »V-blaumöglich«, »W-blaumöglich« und »X-blaumöglich« alle auf $p_1 + t_1$ zutreffen.

Verlassen wir jetzt die Sprache des Phänomenalismus und betrachten wir Aussagen über mögliche physikalische Ereignisse. Aus dem bereits Gesagten ergibt sich, wie man vorgehen muß. Denn wenn man sagt, ein bestimmter Gegenstand k sei zur Zeit s biegsam, so beschreibt man faktisch ein fiktives Ereignis, das zur Zeit s an k stattfindet. Das wirkliche Ereignis, das aus dem Ausschnitt auf k zur Zeit s besteht, ist kein Biggen; doch wenn man es ein mögliches Biggen nennt, so subsumiert man es damit

16 »U-blaumöglich« und ein Prädikat wie »V-blaumöglich« – das auf Zeit-Orte zutrifft, die unter dem anderen Umstand V blau sind – verhalten sich zueinander ganz ähnlich wie »wasserlöslich« und »säurelöslich«. Übrigens vertraue ich darauf, daß man mich nicht so mißversteht, als befürwortete ich den täglichen Gebrauch barbarischer Prädikate wie »U-blaumöglich«; ich verwende sie nur zu Demonstrationszwecken. In der Alltagssprache verwenden wir gewöhnlich gebräuchliche Prädikate wie »blau« und »möglicherweise blau« für viele verschiedene Zwecke in verschiedenen Zusammenhängen. Man schreibt oft das Prädikat »blau« nicht nur Dingen zu, die tatsächlich blau sind, sondern auch solchen, die es unter einer besonders wichtigen fiktiven Bedingung sind; und man nennt Dinge »möglicherweise blau«, die unter irgendwelchen fiktiven Bedingungen blau sind, die aus dem Zusammenhang ausdrücklich oder stillschweigend hervorgehen.

lediglich unter das Dispositionsprädikat »biegsam«. Nicht immer stehen gebräuchliche Dispositionsprädikate zur Verfügung; doch wenn einmal der Grundsatz klar ist, kann man neue Prädikate nach Bedarf prägen. Das fiktive Unglück eines gegebenen Zuges unter der hypothetischen Bedingung, daß eine gegebene Schiene fehlt, läßt sich z. B. so ausdrücken, daß der Zug zu dieser Zeit »hypothetisch verunglückt« sei, oder vollständiger: »durch fehlende Schiene hypothetisch verunglückt«.

Vielleicht sollte ich daran erinnern, daß ich nur von möglichen Ereignissen spreche, von denen wir wissen, daß sie nicht wirklich sind. Wenn ein Zug Verspätung hat und ich sage, er sei möglicherweise verunglückt, so sage ich nur, ich wisse nicht, daß er nicht verunglückt sei. Doch wenn ich weiß, daß der Zug ordnungsgemäß angekommen ist, dann ist jede Rede von einem möglichen Unglück offenbar ganz anders zu verstehen. Der Unterschied ist der zwischen der Aussage, ein Zug könne verunglückt sein (wenn man nicht weiß, ob es der Fall war), und der Aussage, ein Zug hätte verunglücken können (wenn man weiß, daß es nicht der Fall war). Aussagen der zweiten Art werfen das dringendere Übersetzungsproblem auf, und nur mit diesen beschäftige ich mich hier.

Auf den ersten Blick könnte man neue Schwierigkeiten bei Aussagen erwarten, die sich scheinbar auf nicht-wirkliche dauerhafte Gegenstände anstelle nicht-wirklicher Ereignisse mit wirklichen Gegenständen beziehen; doch auch solche Aussagen lassen sich ohne weiteres als Anwendung bestimmter Prädikate auf bestimmte wirkliche Gegenstände auffassen. Man kann in wahren Aussagen fiktive Berge mitten nach London versetzen, indem man einfach

auf London eine bestimmte Fortsetzung des Prädikats
»bergig« anwendet.[17]

Ich versuche natürlich keineswegs, Mittel zur Entscheidung
über die Wahrheit oder Falschheit von Aussagen über
Mögliches bereitzustellen, sondern schlage eine Art der
Übersetzung dieser Aussagen in Aussagen über Wirkliches
vor. Liegt einmal eine solche Übersetzung vor, so ist die
Entscheidung über die Wahrheit oder Falschheit der Aussage nur noch eine Frage der Tatsachenfeststellung.

Wir beginnen jetzt die allgemeine Methode zu erkennen,
nach der Aussagen, daß gewisse mögliche Soundsos keine
wirklichen Soundsos seien, mit der Auffassung vereinbar
gemacht werden können, die einzigen möglichen Gegenstände seien die wirklichen. Die Betrachtung weiterer Spe-
zialfälle würde die Gefahr heraufbeschwören, sich in einem
Wust von Einzelheiten zu verlieren. Es ist lediglich an-
zumerken, daß einige »Prädikate möglicher Gegenstände«
keine einfachen Fortsetzungen manifester Prädikate zu
sein brauchen, sondern sie auf kompliziertere Weise exten-
sional schneiden können.[18] Doch es erhebt sich naturgemäß

17 Im allgemeinen spricht man von möglichen Gegenständen, aber
man beschäftigt sich nur selten mit dem bloß Möglichen, d. h. dem
unter irgendwelchen angebbaren Umständen Möglichen. Viel öfter
beschäftigt man sich mit dem, was unter bestimmten fiktiven Bedingungen geschieht. Die Berge, die man nach London versetzt, sind
also keine bloß-möglichen Berge, sondern Berge, die sich etwa unter
der fiktiven Bedingung dort befinden würden, daß bestimmte vul-
kanische Ereignisse stattfänden.
18 Das Prädikat »biegsam« ist eine einfache Fortsetzung des Prädikats »biggt«, denn biegsam sind alle Gegenstände, die biggen, und
einige, die nicht biggen [nicht zu verwechseln mit »non-biggen«;
d. Übers.]. Doch ich verwende den Ausdruck »Fortsetzung« in so
weitem Sinne, daß »biegsam« auch eine Fortsetzung von »biegt sich«

die Frage, ob die Beschränkung auf Prädikate wirklicher Gegenstände genug Möglichkeiten läßt, über das Wirkliche alles Gewünschte zu sagen, was gewöhnlich als Rede über Mögliches gilt. Es ist tröstlich, festzustellen, daß es schon bei drei Elementen nur sieben Individuen gibt, die (nicht-leere) Extensionen für 127 verschiedene Prädikate liefern. Bei jedem normalen System, das wenigstens ein paar hundert Elemente zuläßt, seien es phänomenale oder physikalische, geht die Zahl der möglichen Extensionen in die Milliarden. Es droht keine erzwungene Stille.

Mein Hauptziel war hier also, zu zeigen, daß auch Aussagen über Mögliches die Grenzen der wirklichen Welt nicht zu überschreiten brauchen. Oft verwechseln wir eine bestimmte Beschreibung der wirklichen Welt mit dieser selbst. Und gleichermaßen wahre Beschreibungen mit anderen Mitteln halten wir für mögliche Welten. Wir haben uns daran gewöhnt, die wirkliche Welt als eine von vielen möglichen zu betrachten. Dieses Bild muß zurechtgerückt werden. Alle möglichen Welten liegen innerhalb der wirklichen.

---

ist, obwohl einige Gegenstände, die sich biegen (etwa unter ungewöhnlichen Kräften), nicht biegsam sind. Weiter ist das Prädikat »ist orangefarbig« eine Fortsetzung des manifesten Prädikats »sieht orangefarbig aus«, obwohl nicht alles, was orangefarbig aussieht (etwa in gelbem Licht), orangefarbig ist. In diesen Beispielen gehören zur »Fortsetzung« zwei Schritte: die Ausscheidung bestimmter Fälle, die zur Extension des ursprünglichen manifesten Prädikats gehören (z. B. der Schritt von »biegt sich« zu »biggt« oder von »sieht orangefarbig aus« zu »sieht im Tageslicht orangefarbig aus«), und zweitens die Hinzufügung weiterer Fälle, die nicht zur Extension des so erzeugten engeren manifesten Prädikats gehören (z. B. der Schritt von »biggt« zu »biegsam« oder von »sieht im Tageslicht orangefarbig aus« zu »ist orangefarbig«).

Die möglichen Vorgänge und Gegenstände verschwinden. Man erkennt, daß sich Prädikate, die sich scheinbar auf sie beziehen, auf wirkliche Gegenstände beziehen, aber Extensionen haben, die auf ganz bestimmte Weise mit den Extensionen bestimmter manifester Prädikate zusammenhängen und gewöhnlich weiter sind. Ein Prädikat, das sich scheinbar auf Mögliches bezieht, deckt im Vergleich zu einem entsprechenden manifesten Prädikat lediglich mehr der gleichen irdischen Dinge – wie ein geöffneter im Vergleich zu einem geschlossenen Regenschirm.

Unsere Aufmerksamkeit richtet sich also auf das, was ich das allgemeine Problem der Dispositionen nenne, das faktisch auch zum allgemeinen Problem des Möglichen geworden ist. Ich wiederhole: Es ist das Problem, zu erklären, wie ein gegebenes manifestes Prädikat, nennen wir es »*P*«, mit anderen zusammenhängen muß, wenn deren Zutreffen auf einen Gegenstand ein Grund dafür sein soll, diesem Gegenstand ein gegenüber »*P*« erweitertes Prädikat, etwa »*P*ⱼ«, zuzuschreiben. Ich habe das ein Problem der Fortsetzung genannt, denn es ist das Problem, wie man ein manifestes Prädikat wie »brennt« faktisch auf einen größeren Bereich erweitern kann, indem man ein zugeordnetes Prädikat wie »brennbar« definiert, das auf Gegenstände zutrifft, die brennen, sowie auf einige weitere, aber auf nichts, was [unter geeigneten Umständen] *nicht* brennt.

Nun unterscheidet sich offenbar das Problem der Fortsetzung von manifesten auf nicht-manifeste Fälle nicht sehr von dem Problem des Übergangs von bekannten zu unbekannten oder von vergangenen zu zukünftigen Fällen.

Das Problem der Dispositionen ähnelt verdächtig einem der ältesten Freunde und Feinde des Philosophen: dem Induktionsproblem. Die beiden sind tatsächlich nur verschiedene Seiten des allgemeinen Problems des Übergangs von einer gegebenen Menge von Fällen zu einer umfassenderen Menge. Die entscheidenden Fragen sind durchweg die gleichen: Wann, wie, warum ist ein solcher Übergang oder eine solche Erweiterung berechtigt? Im nächsten Vortrag müssen wir also zusehen, wie es zur Zeit um das wohlbekannte Problem der Induktion steht.

So verschwindet das Mögliche. Aber es geht nur in ein anderes und äußerst schwieriges Problem über, das von sich aus unsere Ruhe schon lange stört. Es liegt vielleicht ein gewisser Trost in dem Gedanken, daß wenigstens das Gespenst des Möglichen nicht mehr auf dem Dachboden herumgeistert.

3. Das neue Rätsel der Induktion

3.1 Das alte Induktionsproblem

Am Ende des vorhergehenden Vortrags sagte ich, heute müßte ich untersuchen, wie es um das Induktionsproblem stehe. Mit einem Wort, ich glaube, es steht schlecht. Doch die wirklichen Schwierigkeiten, denen wir heute gegenüberstehen, sind nicht die herkömmlichen. Was allgemein als das Induktionsproblem gilt, ist gelöst, oder aufgelöst; wir stehen vor neuen Problemen, die noch nicht von allen gesehen werden. Um an sie heranzukommen, muß ich so kurz wie möglich einige sehr bekannte Dinge berühren.

Wie Hume zeigte, entsteht das Problem der Geltung von Urteilen über zukünftige oder unbekannte Fälle dadurch, daß solche Urteile weder Berichte über Erfahrungen sind noch logisch aus solchen folgen. Voraussagen beziehen sich eben auf noch Unbeobachtetes. Und sie lassen sich nicht logisch aus dem ableiten, was beobachtet wurde; denn was geschehen *ist*, erlegt dem, was geschehen *wird*, keinerlei logische Einschränkungen auf. Humes Behauptung, es gebe keine notwendigen Verknüpfungen zwischen Tatsachen, ist zwar gelegentlich angezweifelt worden, hat aber allen Angriffen standgehalten. Und ich möchte nicht nur zugestehen, daß es keine notwendigen Verknüpfungen zwischen Tatsachen gibt, sondern sogar fragen, ob es überhaupt irgendwelche notwendigen Verknüpfungen gibt[1] – doch das ist eine andere Sache.

1 Das ist nur eine Randbemerkung, doch vielleicht sollte ich für

Humes Antwort auf die Frage, wie Voraussagen mit der bisherigen Erfahrung zusammenhängen, ist erfrischend subjektivistisch. Wenn in der Erfahrung ein Ereignis einer Art oft auf ein Ereignis einer anderen Art folgt, dann bildet sich eine Gewohnheit, die das Denken angesichts eines weiteren Ereignisses der ersten Art veranlaßt, zu der Vorstellung eines Ereignisses der zweiten Art überzugehen. Die Vorstellung von einer notwendigen Verknüpfung entsteht aus dem vom Bewußtsein empfundenen Drang zu diesem Übergang.

Sieht man nun bei dieser Analyse von allen Äußerlichkeiten ab, so ist der Hauptpunkt der: Auf die Frage, warum man eher diese als jene Voraussage macht, antwortet Hume, die gewählte Voraussage sei eine, die mit einer bisherigen Regelmäßigkeit übereinstimme, weil diese eine Gewohnheit geschaffen habe. Unter den verschiedenen Aussagen über einen zukünftigen Zeitpunkt zeichnet sich also eine dadurch aus, daß sie mit der Gewohnheit und demnach mit früher beobachteten Regelmäßigkeiten übereinstimmt. Jede andere Voraussage ist irrig.

Wie weit kann diese Antwort befriedigen? Die schärfste Kritik hat sich auf den puristischen Standpunkt gestellt, Humes Analyse beziehe sich bestenfalls nur auf den Ursprung der Voraussagen, aber nicht auf ihre Berechtigung; er spreche von den Umständen, unter denen man gegebene

besonders wenig informierte Leser bemerken, daß der Begriff der notwendigen Verbindung von Gedanken oder der absolut analytischen Aussage nicht mehr unumstritten ist. Einige, wie Quine und White, haben die Vorstellung geradeheraus angegriffen; andere, darunter ich selbst, haben sie einfach fallen lassen; und noch andere fühlen sich mit ihr allmählich sehr unwohl.

Voraussagen macht – und erkläre in diesem Sinne, warum man sie macht –, lasse aber die Frage außer acht, wie weit man dazu berechtigt sei. Den Ursprung aufspüren, so lautet die alte Kritik, heiße nicht die Gültigkeit zeigen: Die eigentliche Frage sei nicht, warum eine Voraussage tatsächlich gemacht werde, sondern wie sie sich rechtfertigen lasse. Da dies zu dem mißlichen Schluß führt, der größte der modernen Philosophen habe sein eigenes Problem völlig verfehlt, kam der Gedanke auf, er habe seine Lösung eigentlich gar nicht so ernst genommen, sondern das Hauptproblem als ungelöst und vielleicht unlösbar betrachtet. So spricht man heute vom »Humeschen Problem«, als hätte er es als Frage ohne Antwort vorgelegt.

Das alles erscheint mir als völlig falsch. Ich bin der Auffassung, daß Hume die Hauptfrage erfaßt hat und seine Antwort als einigermaßen brauchbar betrachtete. Und ich halte seine Antwort für vernünftig und beachtenswert, wenn auch nicht völlig befriedigend. Ich werde das sogleich ausführen. Im Augenblick möchte ich lediglich meinen Protest gegen die vorherrschende Vorstellung einlegen, das Problem der Rechtfertigung der Induktion könne noch mit Recht Humesches Problem genannt werden, wenn es so streng vom Problem der Beschreibung des Vorgangs der Induktion getrennt wird.

Mir scheint, daß das Problem der Rechtfertigung der Induktion nicht weniger unfruchtbare Diskussionen hervorgerufen hat als sonst irgendein halbwegs gewichtiges Problem der modernen Philosophie. Gewöhnlich beginnt man mit der Behauptung, es müsse eine Möglichkeit zur Rechtfertigung von Voraussagen gefunden werden; dann wird behauptet, zu diesem Zweck brauche man ein wohltönendes umfassendes Gesetz von der Gleichförmigkeit der Natur, und es wird gefragt, wie dieser umfassende Grundsatz seinerseits gerechtfertigt werden könne. Wenn der Autor hier genug hat, so kommt er zu dem Schluß, der Grundsatz sei eine unentbehrliche Voraussetzung; wenn er dagegen energisch und erfindungsreich ist, so denkt er sich eine feinsinnige Rechtfertigung für ihn aus. Eine solche Erfindung befriedigt freilich meist niemand anderen; und der einfachere Weg, nämlich eine unbegründete, ja zweifelhafte Voraussetzung zu machen, die viel weitergehend ist als jede wirkliche Voraussage, die wir machen, dürfte eine merkwürdige und aufwendige Art sein, diese zu rechtfertigen.

3.2 Das alte Problem löst sich auf

Verständlicherweise haben daher kritischere Denker den Verdacht gehabt, es könnte etwas mit dem Problem, das man zu lösen versuchte, nicht in Ordnung sein. Fragen wir uns doch einmal, worin eigentlich die gesuchte Rechtfertigung bestehen würde. Besteht das Problem darin, zu erklären, woher wir wissen, daß sich bestimmte Voraussagen als richtig herausstellen werden, so genügt die Antwort, daß man so etwas nie weiß. Besteht das Problem darin, eine vorherige Unterscheidung zwischen wahren und falschen Voraussagen zu *finden*, so liefe das auf Hellsehen und nicht auf philosophische Erklärung hinaus. Es hilft auch nicht viel weiter, wenn man sagt, man versuche lediglich zu zeigen, daß oder warum bestimmte Voraussagen *wahrscheinlich* seien. Man hört oft, wir könnten zwar nicht vorher sagen, ob eine Voraussage über einen bevorstehenden Wurf mit einem Würfel wahr sei, aber wir könnten entscheiden, ob sie wahrscheinlich sei. Doch wenn das bestimmen heißt, in welchem Verhältnis die Voraussage zu wirklichen Häufigkeitsverteilungen zukünftiger Würfe mit dem Würfel steht, dann gibt es sicher keine Möglichkeit, das im voraus zu wissen oder zu beweisen. Hat andererseits das Urteil, die Voraussage sei wahrscheinlich, nichts mit späteren Ereignissen zu tun, so bleibt die Frage, in welchem Sinne eine wahrscheinliche Voraussage überhaupt besser gerechtfertigt sein soll als eine unwahrscheinliche.

Nun kann das wirkliche Problem offenbar nicht darin bestehen, unerreichbares Wissen zu erlangen oder ein Wissen zu begründen, das wir gar nicht haben. Wir können zu einer besseren Auffassung unseres Problems gelangen, wenn wir einen Augenblick die Rechtfertigung nicht-induktiver Schlüsse betrachten. Wie rechtfertigt man eine *Deduktion*? Einfach dadurch, daß man zeigt, daß sie den allgemeinen Regeln des deduktiven Schließens entspricht. Ein solcher Schluß ist gerechtfertigt oder gültig, auch wenn seine Folgerung falsch sein sollte. Ein Schluß, der eine Regel verletzt, ist ein Fehlschluß, auch wenn seine Folgerung zufällig wahr ist. Die Rechtfertigung eines deduktiven Schlusses erfordert also keine Kenntnis der Tatsachen, auf die er sich bezieht. Und wenn von einem deduktiven Schluß gezeigt worden ist, daß er den Regeln des logischen Schließens entspricht, so betrachtet man ihn gewöhnlich als gerechtfertigt, ohne weiter nach einer Rechtfertigung der Regeln zu fragen. Entsprechend besteht die Grundaufgabe bei der Rechtfertigung eines induktiven

Schlusses darin, zu zeigen, daß er den allgemeinen Regeln der *In*duktion entspricht. Wenn man das einmal erkannt hat, hat man einen großen Schritt zur Klärung des Problems getan.

Doch natürlich müssen die Regeln selbst letzten Endes gerechtfertigt werden. Die Gültigkeit einer Deduktion beruht nicht auf ihrer Übereinstimmung mit irgendwelchen völlig willkürlichen Regeln, die man sich ausdenken kann, sondern mit gültigen Regeln. Wenn man von *den* Regeln des Schließens spricht, so meint man die gültigen Regeln – oder besser *gewisse* gültige Regeln, denn es könnte verschiedene Systeme gleich gültiger Regeln geben. Doch wie kann man entscheiden, ob Regeln gültig sind? Hier begegnet man wieder Philosophen, die behaupten, diese Regeln folgten aus einem evidenten Axiom, und anderen, die zu zeigen versuchen, daß die Regeln in der Natur des menschlichen Geistes selbst begründet seien. Mir scheint, die Antwort liegt viel näher an der Oberfläche. Die Regeln des deduktiven Schließens werden gerechtfertigt durch ihre Übereinstimmung mit der anerkannten Praxis der Deduktion. Ihre Gültigkeit beruht auf der Übereinstimmung mit den speziellen deduktiven Schlüssen, die wir tatsächlich ziehen und anerkennen. Wenn eine Regel zu unannehmbaren Schlüssen führt, so läßt man sie als ungültig fallen. Die Rechtfertigung allgemeiner Regeln leitet sich also von Urteilen her, die einzelne deduktive Schlüsse verwerfen oder anerkennen.

Das sieht eindeutig zirkulär aus. Ich sagte, deduktive Schlüsse würden aufgrund ihrer Übereinstimmung mit gültigen allgemeinen Regeln gerechtfertigt, und allgemeine Regeln würden gerechtfertigt aufgrund ihrer Übereinstimmung mit gültigen Schlüssen. Doch das ist ein guter Zirkel. Es ist eben so, daß sowohl die Regeln als auch die einzelnen Schlüsse gerechtfertigt werden, indem sie miteinander in Übereinstimmung gebracht werden. *Eine Regel wird abgeändert, wenn sie zu einem Schluß führt, den wir nicht anzuerkennen bereit sind; ein Schluß wird verworfen, wenn er eine Regel verletzt, die wir nicht abzuändern bereit sind.* Der Vorgang der Rechtfertigung besteht in feinen gegenseitigen Abstimmungen zwischen Regeln und anerkannten Schlüssen; die erzielte Übereinstimmung ist die einzige Rechtfertigung, derer die einen wie die anderen bedürfen.

Das alles gilt ebenso für die Induktion. Auch ein induktiver Schluß ist gerechtfertigt, wenn er mit allgemeinen Regeln übereinstimmt, und eine allgemeine Regel ist gerechtfertigt, wenn sie mit anerkannten induktiven Schlüssen übereinstimmt. Voraussagen sind gerechtfertigt, wenn sie gültigen Induktionsregeln entsprechen, und diese sind gültig, wenn sie die anerkannte Praxis der Induktion richtig wiedergeben.

Aus dieser Analyse ergibt sich, daß man sich nicht mehr mit gewissen Scheinfragen bezüglich der Induktion herumschlagen muß. Man verlangt nicht mehr Erklärungen für Garantien, die man gar nicht hat, oder Schlüssel zu einem Wissen, das man gar nicht erlangen kann. Es dämmert uns, daß das herkömmliche puristische Bestehen auf einer sauberen Trennung zwischen der Rechtfertigung der Induktion und der Beschreibung der gewöhnlichen Praxis der Induktion das Problem verzerrt. Wir schulden Hume verspätete Abbitte. Denn wenn er sich mit der Frage befaßte, wie gewöhnlich anerkannte induktive Urteile zustande kommen, hatte er tatsächlich mit der Frage der Rechtfertigung der Induktion zu tun.[2] Die Rechtfertigung einer Voraussage bestand für ihn darin, daß sie sich aus einer Gewohnheit ergibt und damit eine bisherige Regelmäßigkeit widerspiegelt. Seine Antwort war unvollständig und vielleicht nicht völlig richtig, aber sie ging nicht an der Sache vorbei. Das Induktionsproblem ist kein Beweisproblem, sondern ein Problem der Definition des Unterschieds zwischen gerechtfertigten und ungerechtfertigten Voraussagen.

Das schafft reine Luft, läßt aber noch viele Probleme offen. Als Grundsätze des *de*duktiven Schließens haben wir die bekannten und hochentwickelten Gesetze der Logik; doch für das induktive Schließen gibt es keine so genauen und anerkannten Grundsätze. Mills Regeln können sich kaum mit Aristoteles' Regeln des Syllogismus

2 Ein flüchtiger Leser könnte meinen, wenn ich hier das Problem der Rechtfertigung mit einem Problem der Beschreibung gleichsetzen wolle, dann stimme das mit meiner beiläufigen Erklärung in dem vorhergehenden Vortrag nicht überein, das Ziel der Philosophie sei etwas ganz anderes als die bloße Beschreibung des Alltags- oder des wissenschaftlichen Vorgehens. Ich möchte wiederholen, es kam mir hier darauf an, daß die Erklärung nicht der Art oder Reihenfolge zu entsprechen braucht, in der die Prädikate in der Praxis eingeführt werden. Sie muß aber sicherlich die Praxis in dem Sinne beschreiben, daß die Extensionen der explizierenden Prädikate in bestimmter Weise mit denen der entsprechenden Prädikate der Praxis übereinstimmen müssen. Humes Analyse ist eine Beschreibung gerade in diesem Sinne. Denn sie versucht die Umstände anzugeben, unter denen diejenigen induktiven Urteile zustandekommen, die gewöhnlich als berechtigt angesehen werden; und das heißt notwendige und hinreichende Bedingungen, also eine Definition für die gültige Induktion angeben. Was ich oben behaupte, ist dies, daß das Problem der Rechtfertigung der Induktion nichts Weitergehendes oder Höheres als das Problem der Beschreibung oder Definition der gültigen Induktion ist.

messen, geschweige denn mit *Principia mathematica.* Sorgfältige und wertvolle Abhandlungen über die Wahrschein-
lichkeit gehen gewöhnlich auf bestimmte Grundfragen nicht
ein. Erst in den allerletzten Jahren entstanden systema-
tische Arbeiten, die sich ausdrücklich mit dem beschäftigen,
was ich die konstruktive Aufgabe der Bestätigungstheorie
nennen möchte.

3.3 Die konstruktive Aufgabe der Bestätigungstheorie

Die Aufgabe der Formulierung von Regeln, die den Unterschied zwischen gültigen und ungültigen induktiven
Schlüssen definieren, entspricht weitgehend der Aufgabe,
irgendeinen eingebürgerten Ausdruck zu definieren. Will
man den Ausdruck »Baum« definieren, so versucht man
aus bereits verständlichen Wörtern einen Ausdruck zu bilden, der auf die bekannten Gegenstände zutrifft, die im
gewöhnlichen Sprachgebrauch Bäume genannt werden, und
nicht auf Gegenstände zutrifft, die im gewöhnlichen
Sprachgebrauch nicht Bäume genannt werden. Ein Vorschlag, der eine dieser Bedingungen offenbar verletzt, wird
verworfen; eine Definition, die beide erfüllt, kann angenommen und zur Entscheidung von Fällen benützt werden,
die im bestehenden Sprachgebrauch noch nicht entschieden
sind. Das genannte Wechselspiel zwischen Induktionsregeln
und einzelnen induktiven Schlüssen ist einfach ein Beispiel
für diese charakteristische gegenseitige Anpassung zwischen
Definition und Sprachgebrauch, in der der Gebrauch die
Definition vorzeichnet, die ihrerseits Erweiterungen des
Gebrauchs anleitet.

Natürlich ist diese Anpassung komplizierter, als ich angedeutet habe. Manchmal läßt man es um der Bequemlichkeit oder theoretischen Brauchbarkeit willen bewußt zu, daß eine Definition deutlichen Vorschriften des gewöhnlichen Sprachgebrauchs zuwiderläuft. Man erkennt eine Definition von »Fisch« an, die die Wale ausschließt. Ähnlich könnte man die Bezeichnung »gültige Induktion« einigen induktiven Schlüssen vorenthalten, die gewöhnlich als gültig angesehen werden, oder sie auf andere anwenden, die gewöhnlich nicht als gültig angesehen werden. Eine Definition kann den gewöhnlichen Sprachgebrauch sowohl abändern als auch erweitern.[3]

Bahnbrechende Arbeit zum Problem der Definition der Bestätigung oder der gültigen Induktion ist von Professor Hempel geleistet worden.[4] Ich möchte kurz einige seiner Ergebnisse in Erinnerung rufen. Genau wie die deduktive Logik in erster Linie mit einer Beziehung zwischen Aussagen zu tun hat – nämlich der Folgerungsbeziehung –, die von ihrer Wahrheit oder Falschheit unabhängig ist, so hat die induktive Logik nach Hempels Auffassung in erster Linie mit einer vergleichbaren Beziehung zwischen Aussagen, der Bestätigung, zu tun. Das Problem besteht also in der Definition einer Beziehung, die zwischen irgendeiner Aussage A_1 und einer anderen, A_2,

3 Eine ausführlichere Diskussion der Definition im allgemeinen findet sich in Kap. 1 von The Structure of Appearance (vgl. Anm. 2 zu Kap. 2 der vorliegenden Arbeit).

4 Der grundlegende Aufsatz ist »A Purely Syntactical Definition of Confirmation«, zitiert in Anm. 10 zu Kap. 1. Eine wesentlich weniger formalisierte Analyse findet sich in »Studies in the Logic of Confirmation«, Mind, n. s., 54 (1945), S. 1–26 und 97–121. Spätere Arbeiten von Hempel und anderen über die Definition des Bestätigungsgrades sind für uns hier nicht von Interesse.

genau dann besteht, wenn man von A_1 vernünftigerweise sagen kann, es bestätige A_2 in irgendeinem Grade.

Wenn man die Frage so stellt, scheint der erste Schritt auf der Hand zu liegen. Geht nicht die Induktion gerade in der umgekehrten Richtung vor wie die Deduktion? Gewiß sind einige der Datenaussagen, die eine allgemeine Hypothese induktiv stützen, Folgerungen von dieser. Nun ist die Folgerungsbeziehung in der deduktiven Logik bereits wohldefiniert; wäre es da nicht eine sichere Sache, die Bestätigung so aufzufassen, daß sie die Umkehrung dieser Beziehung einbegreift? Die Umkehrungen der Gesetze der Deduktion würden dann zu den Induktionsgesetzen gehören.

Sehen wir zu, wohin das führt. Man kann des weiteren naheliegenderweise annehmen, was eine gegebene Aussage bestätige, bestätige auch jede Folgerung aus ihr.[5] Doch wenn man das mit unserem vorgeschlagenen Grundsatz zusammennimmt, kommt man zu dem unschönen Ergebnis, daß jede Aussage jede andere bestätigt. So überraschend es sein mag, daß so harmlose Anfänge zu einer so unerträglichen Folgerung führen, so einfach ist der Beweis. Gehen wir von einer beliebigen Aussage A_1 aus. Sie

5 Ich behaupte hier nicht, das sei eine unerläßliche Bedingung für eine Definition der Bestätigung. Da die Vorstellungen des Alltagsverstandes zusammengenommen bald zu unsinnigen Folgerungen führen, müssen einige von ihnen fallen gelassen werden; und verschiedene Theoretiker werden da verschiedene Entscheidungen treffen. Hempel gibt die Bedingung der umgekehrten Folgerung auf, Carnap (*Logical Foundations of Probability*, Chicago und London 1950, S. 474–476) sowohl diese als auch die Folgerungsbedingung. Solche Einzelunterschiede zwischen verschiedenen Analysen der Bestätigung besagen nichts gegen die Hauptgedanken, die ich in diesem Vortrag vorbringe.

ist eine Folgerung aus der Konjunktion von A_1 mit jeder beliebigen Aussage, nennen wir sie A_2, und bestätigt sie also nach unserem augenblicklich betrachteten Kriterium. Doch die so bestätigte Konjunktion $A_1 \cdot A_2$ hat natürlich als Folgerung A_2. Also bestätigt jede Aussage jede andere

Der Fehler liegt bei der unsorgfältigen Formulierung unseres ersten Vorschlags. Zwar sind manche Aussagen, die eine allgemeine Hypothese bestätigen, Folgerungen von ihr, aber nicht alle ihre Folgerungen bestätigen sie. Das leuchtet vielleicht nicht unmittelbar ein; denn in gewissem Sinne wird eine Aussage tatsächlich gestützt, wenn eine ihrer Folgerungen als wahr festgestellt wird. Es wird eine der sie betreffenden Fragen entschieden. Betrachten wir die heterogene Konjunktion:

> 8497 ist eine Primzahl und die Rückseite des Mondes ist eben und Elisabeth I. wurde an einem Dienstag gekrönt.

Wenn die Wahrheit eines beliebigen der drei Konjunktionsglieder gezeigt wird, so stützt das die Konjunktion, indem der noch unentschiedene Anteil der Behauptung verringert wird. Doch eine solche Stützung[6] ist keine Bestätigung; denn die Verifikation eines Bestandteils verleiht

6 Jede Hypothese wird durch ihre eigenen positiven Anwendungsfälle »gestützt«; doch Stützung – oder besser: unmittelbare Stützung durch Tatsachen – ist nur *ein* Faktor der Bestätigung. Er wurde für sich untersucht von John G. Kemeny und Paul Oppenheim in »Degree of Factual Support«, *Philosophy of Science* 19 (1952), S. 307–324. Wie sich alsbald zeigen wird, geht es mir in diesen Vorträgen in erster Linie um bestimmte andere wichtige Faktoren der Bestätigung, von denen einige ganz allgemein vernachlässigt werden.

der ganzen Aussage keine Glaubwürdigkeit, die sich auf andere Teilaussagen übertrüge. Eine Hypothese wird nur bestätigt, wenn ein Beispielsfall ihr eine gewisse Glaubhaftigkeit verleiht, die sich auf die anderen Anwendungsfälle überträgt. Die Beurteilung von Hypothesen ist ja mit Voraussagen verbunden, mit der Beurteilung neuer Fälle auf der Grundlage alter.

Unsere Formel muß also verschärft werden. Das ist, wie Hempel zeigt, leicht erreichbar, wenn man beachtet, daß eine Hypothese nur von solchen Aussagen wirklich bestätigt wird, die Anwendungsfälle von ihr in dem besonderen Sinne sind, daß aus ihnen nicht die Hypothese selbst, aber ihre Relativierung oder Einschränkung auf die Klasse von Gegenständen folgt, die in jener Aussage erwähnt wird. Die Relativierung einer allgemeinen Hypothese auf eine Klasse ergibt sich durch Beschränkung des Bereichs ihrer All- oder Existenzquantifikatoren auf die Elemente dieser Klasse. Weniger technisch gesprochen: was die Hypothese über alle Gegenstände sagt, das sagt die Datenaussage über einen (oder mehrere) Gegenstände. Darunter fällt offenbar die Bestätigung der Leitfähigkeit allen Kupfers durch die Leitfähigkeit eines gegebenen Kupferstücks; nicht dagegen eine Bestätigung unserer heterogenen Konjunktion durch einen ihrer Bestandteile. Und wenn man den Grundsatz hinzunimmt, daß etwas, das eine Aussage bestätigt, auch alle ihre Folgerungen bestätigt, dann ergibt sich aus diesem Kriterium nicht die unerwünschte Konsequenz, daß jede Aussage jede andere bestätigt.

Doch sofort ergeben sich andersartige Schwierigkeiten. Eine ist das berühmte Paradoxon von den Raben. Die

Aussage, daß ein gegebener Gegenstand, etwa ein Stück Papier, weder schwarz noch ein Rabe ist, bestätigt die Hypothese, daß alle nicht-schwarzen Gegenstände keine Raben sind. Doch diese Hypothese ist logisch äquivalent mit der Hypothese, daß alle Raben schwarz sind. Man hat also das unerwartete Ergebnis, daß die Aussage, ein gegebener Gegenstand sei weder schwarz noch ein Rabe, die Hypothese bestätigt, daß alle Raben schwarz sind. Die Möglichkeit, Theorien über Vögel zu prüfen, ohne in den Regen hinaus zu müssen, ist zu schön, um wahr zu sein. Doch dieses Mal kommt die Schwierigkeit nicht von einer nicht einwandfreien Definition her, sondern von der stillschweigenden und unberechtigten Heranziehung von Tatsachen, die in unserem Beispiel nicht erwähnt werden. Für sich genommen, bestätigt die Aussage, ein gegebener Gegenstand sei weder schwarz noch ein Rabe, die Hypothese, daß alles, was kein Rabe ist, nicht schwarz sei, ebenso wie die Hypothese, daß alles, was nicht schwarz ist, kein Rabe sei. Um die erste Hypothese pflegt man sich nicht zu kümmern, weil man aufgrund überreichlicher anderer Erfahrungen weiß, daß sie falsch ist: viele wohlvertraute Gegenstände sind schließlich keine Raben, aber schwarz. Doch man soll davon ausgehen, daß es keine solchen Erfahrungen gebe. Unter dieser Voraussetzung wird offenbar sogar eine viel stärkere Hypothese bestätigt: daß nichts schwarz oder ein Rabe ist. Angesichts dieser Bestätigung der Hypothese, daß es keine Raben gibt, ist es nicht mehr erstaunlich, daß unter den künstlichen Bedingungen des Beispiels auch die Hypothese bestätigt wird, daß alle Raben schwarz sind. Und die Aussichten auf eine im Zimmer betriebene Vogelkunde schwinden, wenn man sich vor Augen hält, daß unter denselben Bedingungen die entgegengesetzte Hypothese, daß kein Rabe schwarz ist, ebenso gut bestätigt wird.[7]

Andererseits hat unsere Definition den Fehler, daß sie nicht fordert, alle *vorliegenden* Daten zu berücksichtigen. Die unglücklichen Folgen lassen sich leicht veranschaulichen. Wenn zwei miteinander verträgliche Datenaussagen zwei Hypothesen bestätigen, dann sollte naheliegenderweise die Konjunktion der Datenaussagen die Konjunktion der Hypothesen bestätigen.[8] Angenommen, unser Datenmaterial bestehe aus den Aussagen D_1, daß ein gegebener Gegenstand b schwarz sei, und D_2, daß ein zweiter Gegenstand c nicht schwarz sei. Nach der betrachteten Definition bestätigt D_1 die Hypothese, daß alle Gegenstände schwarz sind, und D_2 die Hypothese, daß alle Gegenstände nicht schwarz sind. Die Konjunktion dieser völlig verträglichen Datenaussagen bestätigt dann die widersprüchliche Hypothese, daß alle Gegenstände sowohl schwarz als auch nicht schwarz sind. So einfach diese Anomalie ist, sie erfordert eine grundlegende Änderung unserer Definition. Was bestimmte Daten bestätigen, ist nicht das, was sich durch Verallgemeinerung von getrennten Einzelfällen ergibt, sondern – grob gesprochen – das, was

---

7 Eine kompetente und gründliche Darstellung dieses Absatzes gibt Israel Scheffler in *Anatomy of Inquiry*, New York 1963, S. 286–291.
8 Die Stellung der Konjunktions-Bedingung ähnelt stark der der Folgerungs-Bedingung – siehe Anm. 5 zu diesem Kapitel. Carnap läßt zwar die Konjunktionsbedingung ebenfalls fallen (S. 394), macht sich aber aus anderen Gründen die Forderung zu eigen, die wir oben als notwendig erkannt haben: daß das gesamte verfügbare Datenmaterial stets berücksichtigt werden muß (S. 211–213).

sich durch Verallgemeinerung des gesamten vorliegenden Datenmaterials ergibt. Der Grundgedanke einer verbesserten Definition ist der, daß innerhalb gewisser Grenzen etwas, das für den engeren Gegenstandsbereich der Datenaussagen gilt, für den gesamten Gegenstandsbereich bestätigt wird. Bestehen also unsere Daten aus D_1 und D_2, so wird weder die Hypothese bestätigt, daß alle Gegenstände schwarz sind, noch die Hypothese, daß alle Gegenstände nicht-schwarz sind, denn beide sind in dem aus b und c bestehenden Daten-Gegenstandsbereich nicht wahr. Das muß natürlich sehr viel sorgfältiger formuliert werden, denn manche Aussagen, die für den Daten-Gegenstandsbereich gelten – etwa daß es nur einen schwarzen Gegenstand gibt –, werden offenbar für den Gesamt-Gegenstandsbereich nicht bestätigt. Diese Dinge werden in den wohldurchdachten formalen Definitionen Hempels berücksichtigt, die von dieser Grundlage ausgehen; doch wir können und brauchen hier nicht weiter ins einzelne zu gehen.

Niemand meint, die Aufgabe der Bestätigungstheorie sei vollständig gelöst. Doch die wenigen Schritte, die ich betrachtet habe – sie wurden teilweise im Hinblick auf ihre Bedeutung für das folgende ausgewählt –, zeigen, wie die Dinge vorwärtsgehen, wenn einmal an die Stelle des Rechtfertigungsproblems das Problem der Definition getreten ist. Wichtige und lange unbeachtet gebliebene Fragen kommen ans Licht und werden beantwortet; und man darf hoffen, daß die vielen noch offenen Fragen auf diese Weise mit der Zeit ebenfalls gelöst werden.

Doch unsere Freude währt nicht lange. Es zeichnen sich neue große Schwierigkeiten ab.

Die Bestätigung einer Hypothese durch einen Einzelfall hängt stark von Eigenschaften der Hypothese ab, die nichts mit ihrer syntaktischen Form zu tun haben. Daß ein gegebenes Stück Kupfer den elektrischen Strom leitet, erhöht die Glaubwürdigkeit von Aussagen, daß andere Kupferstücke den Strom leiten, und damit wird die Hypothese bestätigt, daß alles Kupfer den Strom leitet. Doch die Tatsache, daß ein bestimmter Mann, der sich jetzt in diesem Zimmer befindet, ein dritter Sohn ist, erhöht nicht die Glaubwürdigkeit von Aussagen, daß andere Männer, die sich jetzt in dem Zimmer befinden, auch dritte Söhne sind, und bestätigt also nicht die Hypothese, daß alle Menschen, die sich jetzt in diesem Zimmer befinden, dritte Söhne sind. Doch in beiden Fällen ist unsere Hypothese eine Verallgemeinerung der Datenaussage. Der Unterschied liegt darin, daß im ersten Fall die Hypothese eine *gesetzesartige* Aussage ist, im zweiten dagegen bloß eine zufällige allgemeine Aussage. Nur eine *gesetzesartige* Aussage – unabhängig von ihrer Wahrheit oder Falschheit oder ihrer wissenschaftlichen Bedeutung – kann durch einen ihrer Anwendungsfälle bestätigt werden, zufällige Aussagen können es nicht. Offenbar müssen wir uns also nach einer Möglichkeit umsehen, gesetzesartige von zufälligen Aussagen zu unterscheiden.

Solange es nur um den Ausschluß einiger weniger seltsamer und unerwünschter Fälle zu gehen scheint, die unsere Definition der Bestätigung versehentlich zuläßt, könnte das Problem als nicht besonders schwierig oder dringend erscheinen. Wir erwarten ohne weiteres, daß sich kleinere

Mängel an unserer Definition herausstellen werden und die notwendigen Verfeinerungen geduldig eine nach der anderen angebracht werden müssen. Doch einige weitere Beispiele werden zeigen, daß die vorliegende Schwierigkeit viel schwerwiegender ist.

Angenommen, alle Smaragde, die vor einem bestimmten Zeitpunkt t untersucht wurden, seien grün.[9] Zur Zeit t stützen also unsere Beobachtungen die Hypothese, daß alle Smaragde grün sind, und das entspricht unserer Definition der Bestätigung. Unsere Datenaussagen besagen, daß der Smaragd a grün ist, daß der Smaragd b grün ist, usw.; und jede bestätigt die allgemeine Hypothese, daß alle Smaragde grün sind. So weit, so gut.

Jetzt möchte ich ein anderes, weniger gebräuchliches Prädikat als »grün« einführen. Es ist das Prädikat »grot« und trifft auf alle Gegenstände zu, die vor dem Zeitpunkt t untersucht wurden, wenn sie grün sind, aber auf andere Gegenstände dann, wenn sie rot sind. Dann haben wir zur Zeit t zu jeder Datenaussage, die besagt, daß ein gegebener Smaragd grün ist, eine entsprechende Datenaussage, die besagt, daß dieser Smaragd grot ist. Und die Aussagen, daß der Smaragd a grot ist, daß der Smaragd b grot ist usw., bestätigen alle die allgemeine Hypothese, daß alle Smaragde grot sind. Nach unserer Definition werden also die Voraussage, daß alle später untersuchten Smaragde grün sein werden, und die Voraussage, daß sie grot sein werden, durch Datenaussagen, die diesel-

9 Der folgende Gedankengang ist im wesentlichen der gleiche wie in meiner Diskussionsbemerkung »A Query on Confirmation« (s. Anm. 16 zu Kap. 1 der vorliegenden Arbeit), wenn auch das verwendete Beispiel ein anderes ist.

ben Beobachtungen beschreiben, gleichermaßen bestätigt. Doch wenn ein später untersuchter Smaragd grot ist, dann ist er rot und nicht grün. Obwohl uns also durchaus klar ist, welche der beiden miteinander unverträglichen Voraussagen wirklich bestätigt wird, werden sie nach unserer gegenwärtigen Definition gleich gut bestätigt. Des weiteren ist klar, daß man nur ein passendes Prädikat zu wählen braucht, um aufgrund dieser selben Beobachtungen nach unserer Definition die gleiche Bestätigung für jede beliebige Voraussage über Smaragde zu erhalten – ja auch über jeden anderen Gegenstand.[10] Wie in unserem früheren Beispiel werden nur die Voraussagen wirklich bestätigt, die unter gesetzesartige Hypothesen fallen; doch wir haben noch kein Kriterium der Gesetzesartigkeit. Und jetzt erkennen wir, daß ohne ein solches Kriterium unsere Definition nicht bloß ein paar unerwünschte Fälle einschließt, sondern völlig unbrauchbar ist und praktisch nichts ausschließt. Wieder stehen wir vor dem unerträglichen Ergebnis, daß alles alles bestätigt. Diese Schwierigkeit kann man nicht als Schönheitsfehler abtun, der sich im Laufe der Zeit beseitigen ließe. Man muß mit ihr fertig werden, wenn man überhaupt mit der Definition arbeiten will.

10 Beispielsweise erhält man nach der gegenwärtigen Definition die gleiche Bestätigung für die Voraussage, daß später untersuchte Kornblumen rot sein werden. »Smarblume« treffe auf Smaragde zu, die vor dem Zeitpunkt *t* untersucht wurden, und auf Kornblumen, die später untersucht werden. Dann sind alle bisher untersuchten Smarblumen grot, und das bestätigt die Hypothese, daß alle Smarblumen grot sind, und damit die Voraussage, daß später untersuchte Kornblumen rot sein werden. Das Problem derartiger Vordersätze ist wenig beachtet worden, ist aber keineswegs einfacher als das Problem ähnlich abwegiger Nachsätze.

Die Schwierigkeit wird aber oft unterschätzt, da es bei oberflächlichem Hinsehen einfache Möglichkeiten zu geben scheint, mit ihr fertig zu werden. Manchmal etwa wird das Problem als ein Parallelfall zum Paradoxon von den Raben angesehen. Man sagt, hier würden ebenfalls stillschweigend und unberechtigtermaßen Kenntnisse verwendet, die über die Datenaussagen hinausgehen: etwa daß verschiedene Proben desselben Materials gewöhnlich die gleiche Leitfähigkeit aufweisen, oder daß verschiedene Männer, die einem Vortrag zuhören, gewöhnlich nicht die gleiche Zahl von älteren Brüdern haben. Nun ist es richtig, daß solche Kenntnisse eingeschmuggelt werden, doch dadurch wird das Problem noch nicht gelöst, so wie es bei den Raben der Fall war. Dort war es so, daß die eindeutige Formulierung der zunächst eingeschmuggelten Kenntnisse sich gemäß der verwendeten Definition sofort in der richtigen Weise auf die Bestätigung der Hypothese auswirkte. Wenn man andererseits unseren ursprünglichen Daten Aussagen über die Leitfähigkeit von Proben anderer Materialien oder über die Zahl der älteren Brüder von Zuhörern anderer Vorträge hinzufügt, dann wirkt sich das nach unserer Definition nicht im geringsten auf die Bestätigung der Hypothese über das Kupfer oder über diese Zuhörerschaft aus. Da unsere Definition nicht auf die Wirkung von Daten auf Hypothesen reagiert, wenn sie in einer solchen Beziehung zueinander stehen – und zwar auch dann nicht, wenn die Daten in vollem Umfang angegeben werden –, läßt sich die Schwierigkeit bezüglich zufälliger Hypothesen nicht mit der Begründung wegerklären, solche Daten würden stillschweigend herangezogen.

Aussichtsreicher erscheint es, nicht von der unmittelbaren Wirkung dieser weiteren Daten auf die Hypothese auszugehen, sondern von ihrer *mittelbaren* auf dem Wege über andere Hypothesen, die nach unserer Definition von solchen Daten tatsächlich bestätigt werden. Unsere Kenntnisse über andere Materialien bestätigen nach unserer Definition Hypothesen wie die, daß alle Eisenstücke den elektrischen Strom leiten, daß keine Gummistücke ihn leiten, und so weiter; und diese Hypothesen, so könnte die Erklärung lauten, verleihen der Hypothese, daß alle Kupferstücke den elektrischen Strom leiten (und auch der Hypothese, daß sie es nicht tun) Gesetzesartigkeit – das heißt die Eigenschaft, durch unmittelbare positive Beispielsfälle bestätigt zu werden. Andererseits *erschüttern* unsere Kenntnisse über die Zuhörerschaften von Vorträgen viele Hypothesen der Art, daß alle Männer in einer Zuhörerschaft dritte Söhne sind, oder daß sie es alle nicht sind; und das nimmt der Hypothese, daß alle (oder keine) Männer in *dieser* Zuhörerschaft dritte Söhne sind, jede Gesetzesartigkeit. Doch wenn man so vorgehen will, müssen offenbar die Bedingungen, unter denen sich Hypothesen so zueinander verhalten, genau angegeben werden.

Das Problem ist also, zu definieren, in welcher wesentlichen Eigenschaft sich solche Hypothesen gleichen müssen. Daten zugunsten der Hypothese, daß alles Eisen den elektrischen Strom leitet, erhöhen die Gesetzesartigkeit der Hypothese, daß alles Zirkon leitend ist, nicht aber die der Hypothese, daß alle Gegenstände auf meinem Schreibtisch leitend sind. Worin liegt der Unterschied? Die ersten beiden Hypothesen fallen unter die umfassendere Hypothese – nennen wir sie »*H*« –, daß jede Klasse von Gegenständen aus dem gleichen Material gleiche Leitfähigkeit aufweist; die erste und die dritte fallen lediglich unter eine Hypothese wie die – nennen wir sie »K« –, daß jede Klasse von Gegenständen, die entweder alle aus dem gleichen Material bestehen oder sich alle auf einem Schreibtisch befinden, gleiche Leitfähigkeit aufweisen. Offenbar ist der bedeutsame Unterschied hier der, daß Daten zugunsten der Behauptung, eine der in H genannten Klassen habe die betreffende Eigenschaft, die Glaubwürdigkeit jeder Behauptung zu erhöhen, daß eine weitere solche Klasse diese Eigenschaft habe, während nichts Derartiges im Hinblick auf K gilt. Doch das heißt nichts anderes, als daß H gesetzesartig ist und K nicht. Wieder stehen wir genau vor dem Problem, das wir zu lösen versuchen: dem der Unterscheidung zwischen gesetzesartigen und zufälligen Hypothesen.

Der beliebteste Lösungsversuch für das Problem läßt sich von der Tatsache leiten, daß zufällige Hypothesen charakteristischerweise eine räumliche oder zeitliche Einschränkung zu enthalten scheinen oder auf bestimmte Individuen Bezug nehmen. Es scheint, daß sie die Menschen in einem bestimmten Zimmer oder die Gegenstände auf dem Schreibtisch einer bestimmten Person betreffen; gesetzesartige Hypothesen dagegen zeichnen sich dadurch aus, daß sie alle Raben oder alle Kupferstücke betreffen, die es gibt. Völlige Allgemeinheit wird daher sehr oft als hinreichende Bedingung der Gesetzesartigkeit angesehen, doch sie ist keineswegs leicht definierbar. Es genügt offenbar nicht, daß die Hypothese keine Ausdrücke enthält, die Einzelgegenstände oder -orte benennen, beschreiben oder angeben. Die zu Schwierigkeiten führende Hypothese, daß

alle Smaragde grot sind, enthält keinen solchen Ausdruck;
und wo einer vorkommt, wie in Hypothesen über Menschen in *diesem Zimmer,* läßt er sich durch ein Prädikat
(sei es kurz oder lang, neu oder alt) ersetzen, das keinen
solchen Ausdruck enthält, aber auf genau dieselben Gegenstände zutrifft. Deshalb könnte man daran denken, nicht
nur Hypothesen auszuschließen, die tatsächlich Ausdrücke
für bestimmte Individuen enthalten, sondern auch alle
Hypothesen, die mit solchen äquivalent sind. Doch wie
wir sahen, wird gar nichts ausgeschlossen, wenn man nur
solche Hypothesen ausschließt, deren *sämtliche* Äquivalente
derartige Ausdrücke enthalten. Schließt man andererseits
alle Hypothesen aus, zu denen es eine äquivalente *gibt,*
die solche Ausdrücke enthält, so wird alles ausgeschlossen;
denn selbst die Hypothese

Alles Gras ist grün

hat als eine äquivalente Fassung

Alles Gras in London oder sonstwo ist grün.

Als nächsten Schritt hat man sich daher überlegt, Prädikate bestimmter Arten auszuschließen. Man erklärte etwa
eine syntaktisch als Allsatz formulierte Hypothese für
gesetzesartig, wenn ihre Prädikate »rein qualitativ« oder
»nicht raumzeitlich« seien.[11] Das führt offenbar zu nichts,

11 Diesen Weg schlug Carnap in seiner Arbeit »On the Application
of Inductive Logic«, *Philosophy and Phenomenological Research* 8
(1947), S. 133–147, ein, die teilweise eine Antwort auf meine Arbeit
»A Query on Confirmation« ist (s. Anm. 16 zu Kap. 1 des vorliegenden Buches). Die Diskussion setzte sich fort in meiner Diskussionsbemerkung »On Infirmities of Confirmation Theory«, *Philosophy and Phenomenological Research* 8 (1947), S. 149–151, und in
Carnaps »Reply to Nelson Goodman«, ebenda, S. 461-462.

wenn dann ein rein qualitatives Prädikat entweder als eines bestimmt wird, das äquivalent mit einem Ausdruck ist, der keine Ausdrücke für bestimmte Individuen enthält, oder als eines, das keinem Ausdruck äquivalent ist, der einen solchen Ausdruck enthält; denn das wirft nur wiederum die soeben gezeigten Schwierigkeiten auf. Die Behauptung scheint eher die zu sein, man könne jedenfalls bei einem hinreichend einfachen Prädikat durch unmittelbare Betrachtung seiner Bedeutung leicht feststellen, ob es rein qualitativ sei. Doch auch abgesehen von Dunkelheiten des Begriffs der »Bedeutung« eines Prädikats scheint mir diese Behauptung falsch zu sein. Ich weiß einfach nicht, wie ich entscheiden soll, ob ein Prädikat qualitativ oder raumzeitlich ist, außer vielleicht durch völlig zirkuläres Vorgehen, indem man fragt, ob das Prädikat »gutartig« ist – das heißt, ob einfache syntaktisch als Allsätze formulierte Hypothesen, in denen es vorkommt, gesetzesartig sind.

Das wird wohl nicht ohne weiteres hingenommen werden. Man wird sagen: »Betrachten wir die Prädikate ›grün‹ und ›rot‹ und das oben eingeführte Prädikat ›grot‹ sowie das Prädikat ›rün‹, das auf Smaragde zutrifft, die vor dem Zeitpunkt t untersucht wurden, wenn sie rot sind, und auf andere Smaragde, wenn sie grün sind. Es liegt gewiß auf der Hand, daß die beiden ersten rein qualitativ sind, die beiden anderen nicht, denn ihre Bedeutung nimmt offensichtlich auf einen bestimmten Zeitpunkt Bezug.« Darauf antworte ich, daß ich die ersten beiden Prädikate durchaus als gutartig und in gesetzesartigen Hypothesen zulässig anerkenne, während ich die anderen beiden als nicht gutartig betrachte. Doch die Behauptung, die beiden ersten seien im Gegensatz zu den beiden anderen rein qualitativ, erscheint mir völlig abwegig. Gewiß, wenn man mit »grün« und »rot« anfängt, dann erklärt man »grot« und »rün« mittels »grün« und »rot« und eines Zeitausdrucks. Doch ebenso gilt: wenn man mit »grot« und »rün« anfängt, dann sind »grün« und »rot« mit Hilfe von »grot« und »rün« sowie eines Zeitausdrucks zu erklären; »grün« etwa trifft auf Smaragde, die vor dem Zeitpunkt t untersucht wurden, zu, falls sie grot sind, und auf andere Smaragde, falls sie rün sind. Die Eigenschaft, qualitativ zu sein, ist also etwas ganz Relatives und erzeugt selbst keine Zweiteilung der Prädikate. Diese Relativität scheint von denjenigen völlig übersehen zu werden, die behaupten, jene Eigenschaft eines Prädikats sei ein Kriterium für seine Gutartigkeit.

Natürlich kann man fragen, warum wir uns mit so ungebräuchlichen Prädikaten wie »grot« oder überhaupt mit zufälligen Hypothesen abgeben sollen, da man sie kaum für Voraussagen verwenden wird. Genügt es nicht, wenn unsere Definition für solche Hypothesen funktioniert, wie sie gewöhnlich verwendet werden? In gewissem Sinne, ja; doch nur, sofern wir überhaupt keine Definition, keine Induktionstheorie und keine Erkenntnistheorie haben wollen. Wir kommen im täglichen Leben und in der wissenschaftlichen Forschung ganz gut ohne sie aus. Aber wenn wir überhaupt eine Theorie wollen, können wir nicht über grobe Anomalien hinwegsehen, die sich aus einer vorgeschlagenen Theorie ergeben, und darauf hinweisen, daß man sie in der Praxis vermeiden könne. Die merkwürdigen Fälle, die wir betrachtet haben, sind klinisch reine Fälle, die sich zwar in der Praxis selten finden, aber am besten die Symptome einer weiterverbreiteten und gefährlichen Krankheit zeigen.

Wir haben bisher weder eine Antwort noch irgendeinen aussichtsreichen Hinweis auf eine Möglichkeit der Beantwortung der Frage, worin sich gesetzesartige oder bestätigbare Hypothesen von zufälligen oder nicht bestätigbaren unterscheiden; und was zunächst vielleicht nur als geringfügige technische Schwierigkeit erschien, hat die Ausmaße eines wesentlichen Hindernisses für die Entwicklung einer befriedigenden Theorie der Bestätigung angenommen. Dieses Problem nenne ich das neue Rätsel der Induktion.

3.5 Das allgegenwärtige Problem der Fortsetzung

Zu Beginn dieses Vortrags sprach ich die Auffassung aus, das Induktionsproblem sei noch ungelöst, doch die heutigen Schwierigkeiten seien nicht mehr die alten; und ich habe versucht, die Veränderungen zu skizzieren. Das Problem der Rechtfertigung der Induktion ist durch das Problem der Definition der Bestätigung ersetzt worden, und unsere Beschäftigung mit diesem ist bei dem Restproblem der Unterscheidung zwischen bestätigbaren und nicht bestätigbaren Hypothesen angelangt. Man könnte ganz grob sagen, die erste Frage habe gelautet: Warum gibt ein positiver Beispielsfall einer Hypothese irgendeinen Grund dafür ab, weitere solche Fälle vorauzusagen?, die neuere: Was ist ein positiver Beispielsfall einer Hypothese?, und die entscheidende verbliebene Frage: Welche Hypothesen werden durch ihre positiven Beispielsfälle bestätigt?

Die ungeheuren Anstrengungen, die in neuerer Zeit auf das Induktionsproblem gerichtet wurden, haben also unsere Gebrechen nicht geheilt, sondern nur verändert. Die ursprüngliche Schwierigkeit mit der Induktion ergab sich aus der Erkenntnis, daß alles auf alles folgen konnte. Dann versuchten wir, die Bestätigung mittels der Umkehrung der Folgerungsbeziehung zu definieren, standen aber vor der erschütternd ähnlichen Schwierigkeit, daß nach unserer Definition jede Aussage jede andere bestätigen würde. Und jetzt, nachdem wir unsere Definition grundlegend abgeändert haben, bekommen wir immer noch das alte niederschmetternde Ergebnis, daß jede Aussage jede andere bestätigt. Wenn wir nicht die zulässigen Hypothesen irgendwie einschränken können, macht unsere Definition keinerlei Unterschied zwischen gültigen und ungültigen induktiven Schlüssen.

Die wirkliche Schwäche von Humes Analyse lag nicht in seinem beschreibenden Vorgehen, sondern in der Ungenauigkeit seiner Beschreibung. Er sagt, Regelmäßigkeiten in der Erfahrung erzeugten Gewohnheiten, etwas zu erwarten; daher seien Voraussagen, die den bisherigen Regelmäßigkeiten entsprechen, normal oder gerechtfertigt. Doch Hume übersieht, daß einige Regelmäßigkeiten solche Gewohnheiten erzeugen, andere aber nicht; daß Voraussagen, die auf gewissen Regelmäßigkeiten beruhen, berechtigt sind, wenn sie auf anderen beruhen, dagegen nicht. Jedes Wort, das Sie mich hier haben sprechen hören, ging dem letzten Satz dieses Vortrags voraus, doch das weckt, wie ich hoffe, nicht die Erwartung, daß jedes Wort, das Sie hören werden, diesem Satz vorausgehen wird. Oder betrachten wir wieder das Beispiel mit den Smaragden.

Alle, die vor dem Zeitpunkt *t* untersucht wurden, sind grün; und das führt zu der Erwartung und bestätigt die Voraussage, daß der nächste grün sein wird. Doch diese Smaragde waren auch alle grot; und das führt nicht zu der Erwartung und bestätigt nicht die Voraussage, daß der nächste grot sein wird. Regelmäßiges Grünsein bestätigt die Voraussage weiterer Fälle, regelmäßiges Grotsein nicht. Wenn man also sagt, berechtigte Voraussagen seien solche, die auf bisherigen Regelmäßigkeiten beruhen, ohne angeben zu können, *was für* Regelmäßigkeiten es sein sollen, dann nützt das überhaupt nichts. Regelmäßigkeiten sind da, wo man sie findet, und man kann überall welche finden. Wie wir sahen, haben Humes modernste Nachfolger ebensowenig wie er selbst dieses Problem erkannt und behandelt.

Als Folge davon haben wir in der heutigen Bestätigungstheorie eine Definition, die für gewisse Fälle brauchbar ist, die man bisher nur so charakterisieren kann, daß für sie die Definition brauchbar ist. Die Theorie funktioniert eben da, wo sie funktioniert. Eine Hypothese wird von Aussagen bestätigt, die zu ihr in der verlangten Beziehung stehen – falls sie von ihnen bestätigt wird. Das ist ungefähr so, als hätten wir eine Theorie, die uns sagt, die Fläche einer ebenen Figur sei das halbe Produkt von Grundlinie und Höhe, ohne anzugeben, für welche Figuren das gelten soll. Wir müssen irgendeine Möglichkeit finden, gesetzesartige Hypothesen, auf die unsere Definition der Bestätigung zutrifft, von zufälligen Hypothesen zu unterscheiden, für die sie nicht gilt.

Heute habe ich nur über das Induktionsproblem gesprochen, aber das Gesagte gilt auch für das allgemeinere

Problem der Fortsetzung. Wie schon bemerkt, ist das Problem der Voraussage zukünftiger aufgrund vergangener Fälle nur eine engere Fassung des Problems der Fortsetzung von irgendeiner Menge von Fällen auf eine andere. Wir sahen, daß sich ein ganzes Bündel schwieriger Probleme bezüglich der Dispositionen und der Möglichkeit auf dieses Problem der Fortsetzung zurückführen läßt. Deshalb ist das neue Rätsel der Induktion, das in weiterem Sinne das Problem der Unterscheidung zwischen fortsetzbaren und nicht fortsetzbaren Hypothesen ist, ebenso wichtig wie quälend.

Unsere Fehlschläge scheinen mir zu lehren, daß man gesetzesartige oder fortsetzbare Hypothesen nicht rein syntaktisch charakterisieren kann, ja nicht einmal aufgrund ihrer völlig allgemeinen Bedeutung in irgendeinem Sinne. Unsere einzige Hoffnung liegt in einem abermaligen Neuüberdenken des Problems und der Suche nach einem neuen Ansatz. Das möchte ich im letzten Vortrag tun.

4. Möglichkeiten einer Theorie der Fortsetzung

4.1 Eine neue Sicht des Problems

Das Problem der Bestätigung oder der berechtigten Fortsetzung ist das Problem der Definition einer bestimmten Beziehung zwischen Daten- oder Basissätzen einerseits und Hypothesen, Voraussagen oder Fortsetzungen andererseits. Da zahlreiche verschiedenartige Ansätze uns keine Lösung gebracht haben, sollten wir uns fragen, ob wir nicht unsere Aufgabe immer noch irgendwie falsch auffassen. Ich glaube, das ist der Fall: Wir haben die Beschreibung des gewünschten Ergebnisses mit einer viel zu beschränkten Beschreibung der dazu erlaubten Mittel verwechselt.

Wir möchten ja genau und allgemein angeben können, welche Hypothesen von irgendwelchen gegebenen Daten bestätigt werden, oder welche Fortsetzungen dieser Daten berechtigt sind. Jeder auftretende Einzelfall betrifft also die Beziehung zwischen vorliegenden Daten und gehegten Hypothesen. Doch das bedeutet nicht, daß die einzigen Hilfsmittel für die Bestimmung dieser Beziehung die vorliegenden Daten und die gehegten Hypothesen wären. Mit anderen Worten: Die Bestätigung ist zwar eine Beziehung zwischen Daten und Hypothesen, doch das bedeutet nicht, daß die Definition dieser Beziehung nichts anderes als diese Daten und Hypothesen heranziehen dürfte. Es ist ja so, daß man stets eine Menge anderer belangvoller Kenntnisse hat, wenn man sich überlegt, ob eine bestimmte

Fortsetzung eines bestimmten Ausgangsmaterials berechtigt ist. Ich spreche nicht von zusätzlichen Datenaussagen, sondern von den bisherigen Voraussagen und ihren Ergebnissen. Ob diese Voraussagen – ob sie nun Erfolg hatten oder nicht – berechtigt waren, bleibt fraglich; doch daß welche gemacht wurden, und mit welchem Erfolg, das sind Kenntnisse, zu deren Verwertung man berechtigt ist.

Ihre angemessene Verwendung erfordert durchaus einige Sorgfalt. Man kann sich gewiß nicht dem naiven Vorschlag anschließen, die Induktion sei einfach aufgrund ihres bisherigen Erfolgs gerechtfertigt. Immer wieder einmal erklärt jemand, das ganze Problem löse sich einfach durch die Erkenntnis, daß die Voraussage zukünftiger aufgrund vergangener Anwendungsfälle einer Hypothese durch den Erfolg der bisherigen Voraussagen aufgrund dieser Hypothese gerechtfertigt sei. Die Kritiker sind rasch mit dem Argument zur Hand, daß alle Fragen der Berechtigung von Voraussagen zukünftiger aufgrund vergangener Fälle auch bei Voraussagen zukünftiger aufgrund vergangener Erfolge auftreten. Doch die Tatsache, daß zulässige Kenntnisse auf abwegige Weise verwendet wurden, sollte uns nicht dazu veranlassen, sie unberücksichtigt zu lassen. In unserer augenblicklichen Situation können wir auf kein ehrliches Hilfsmittel verzichten, das sich als nützlich erweisen könnte.

Mir scheint also, wir sollten erkennen, daß unsere Aufgabe darin besteht, die Beziehung der Bestätigung oder der berechtigten Fortsetzung zwischen Daten und Hypothese mit beliebigen Mitteln zu definieren, die nicht zirkulär sind, die unsere sonstigen Bedingungen für eine annehmbare Erklärung erfüllen und von denen man vernünftigerweise erwarten kann, daß sie zur Verfügung stehen, wenn eine Frage der induktiven Gültigkeit entsteht. Dazu gehören unter anderem Kenntnisse bisheriger Voraussagen und ihres Erfolgs oder Mißerfolgs. Mir scheint, daß kaum jemals ausdrücklich vorgeschlagen worden ist, solche Kenntnisse bei der Behandlung unseres Problems auszuschließen. Vielmehr hat eine althergebrachte Gewohnheit, sie als unerheblich zu betrachten, dazu geführt, daß wir sie fast völlig unbeachtet gelassen haben. Ich schlage also weniger eine Umformulierung als eine Umorientierung unseres Problems vor: Wir wollen uns vorstellen, daß wir nicht mit leerem Kopf an das Problem herangehen, sondern mit gewissen Kenntnissen oder anerkannten Aussagen, die man bei der Erarbeitung einer Lösung durchaus einsetzen darf.

Diese geringfügige Neuorientierung verleiht nun unserem Problem ein ganz neues Gesicht. Denn wenn man neben Daten und Hypothese auch von früheren Fortsetzungen ausgeht, dann geht unsere Aufgabe über in die der Definition der berechtigten Fortsetzung – oder Fortsetzbarkeit – aufgrund tatsächlicher Fortsetzungen. Das ist offenbar ein typisches Dispositionsproblem. Anhand des manifesten Prädikats »fortgesetzt« und gewisser anderer Kenntnisse müssen wir das Dispositionsprädikat »fortsetzbar« definieren. Und das läuft, wie wir gesehen haben, auf das Problem der Fortsetzung des Prädikats »fortgesetzt« hinaus. Das könnte auf den ersten Blick entmutigend aussehen, nämlich als müßten wir das Problem der Fortsetzung lösen, ehe wir es behandeln können – als müßten wir die berechtigte Fortsetzung definieren, ehe wir

»fortgesetzt« berechtigt fortsetzen könnten. Doch so schlimm steht es nicht. Unser letztes Ziel ist, berechtigte Fortsetzung, oder Fortsetzbarkeit, ganz allgemein zu definieren. Doch das läßt sich auch als ein spezielles Problem der Fortsetzbarkeit sehen: als das Problem der Fortsetzung des speziellen Prädikats »fortgesetzt« oder, mit anderen Worten, der Definition des speziellen Dispositionsprädikats »fortsetzbar«. Wie ich weiter oben schon besonders bemerkte[1], gibt es überhaupt keinen Grund, warum man nicht die Lösung eines speziellen Dispositionsproblems versuchen könnte, ehe das allgemeine Problem gelöst ist. Und im Falle des speziellen Problems, das Prädikat »fortsetzbar« zu definieren, sind die Aussichten gut; denn wenn wir es lösen können, lösen wir damit das allgemeine Problem. Faktisch ist das allgemeine Problem der Dispositionen auf das Problem der Fortsetzung des speziellen Prädikats »fortgesetzt« zurückgeführt.

Die Umorientierung unseres Problems läßt sich etwas bildhafter ausdrücken. Hume stellte sich den Verstand so vor, daß er durch Regelmäßigkeiten im Beobachteten zu entsprechenden Voraussagen veranlaßt werde. Das ließ das Problem der Unterscheidung zwischen Regelmäßigkeiten offen, die diese Wirkung auf den Verstand haben, und solchen, die sie nicht haben. Wir dagegen sehen den Verstand als von Anfang an in Tätigkeit, er macht in Dutzenden von Richtungen von sich aus Voraussagen und berichtigt und systematisiert sie allmählich. Wir fragen nicht, wie es zu Voraussagen kommt, sondern wie sie, wenn sie einmal vorliegen, in berechtigte und unberechtigte eingeteilt werden. Genau genommen, wollen wir natür-

1 Siehe S. 66, wo ich von einem kleinen Lichtblick spreche.

lich nicht beschreiben, wie der Verstand arbeitet, sondern beschreiben oder definieren, welchen Unterschied er zwischen berechtigten und unberechtigten Fortsetzungen macht.

4.2 Tatsächliche Fortsetzungen

Wir sagen, eine Hypothese werde *tatsächlich fortgesetzt*, wenn sie nach Prüfung und Verifikation einiger ihrer Anwendungsfälle angenommen wird, ehe die übrigen geprüft worden sind. Die Hypothese braucht weder wahr noch gesetzesartig oder auch nur vernünftig zu sein, denn wir sprechen hier nicht davon, was fortgesetzt werden sollte, sondern was tatsächlich fortgesetzt wird. Es geht uns auch nicht darum, ob eine Hypothese in dem zeitlosen Sinne fortgesetzt wird, daß es einen vergangenen, gegenwärtigen oder zukünftigen Zeitpunkt gibt, an dem sie fortgesetzt wird. Wir beschäftigen uns jeweils nur mit Fortsetzungen, die bereits erfolgt sind.

Man beachte besonders, daß auch dann, wenn alle bis zu einem bestimmten Zeitpunkt untersuchten Anwendungsfälle positiv ausgefallen sind, und auch wenn die Hypothese wahr ist, sie zu dieser (oder irgendeiner anderen) Zeit nicht tatsächlich fortgesetzt zu sein braucht. Zur tatsächlichen Fortsetzung gehört die ausdrückliche Formulierung und Annahme der Hypothese – die tatsächliche Voraussage des Ergebnisses der Untersuchung weiterer Fälle. Daß die Hypothese zu dieser Zeit hätte fortgesetzt werden können – vielleicht sogar berechtigtermaßen –, ist hier nicht von Interesse. Genau darin liegt der Unterschied zwischen dem Ausgehen nur von Hypothesen und Anwendungsfällen und dem Ausgehen von tatsächlichen Fortsetzungen.

Eine vollständige und genaue Erklärung der tatsächlichen Fortsetzung würde beispielsweise eine viel sorgfältigere Bestimmung dessen erfordern, was mit der Annahme einer Hypothese gemeint ist. Offenbar ist es nicht notwendig, daß sie als mit Sicherheit wahr behauptet wird; notwendig ist nur so etwas wie die Behauptung, sie sei anderen Hypothesen an Glaubwürdigkeit hinreichend überlegen. Wir könnten uns leicht in endlose Erörterungen dieser und ähnlicher Fragen verstricken; doch unsere Ziele erfordern ebensowenig genaue Antworten auf solche Fragen, wie die Entwicklung der gewöhnlichen Bestätigungstheorie eine genaue Erklärung dessen erfordert, wie man zu Datenaussagen kommt, oder was es eigentlich mit ihrer Anerkennung auf sich hat. Dort genügt es, ungefähr anzudeuten, was mit Beobachtungs- oder Datenaussagen gemeint ist; dann kann man zur Frage der Bestätigung übergehen und voraussetzen, daß einige Aussagen als Datenaussagen anerkannt sind. Wieviel es nützt, zu entscheiden, ob eine Hypothese von solchen Aussagen bestätigt wird, hängt allerdings davon ab, daß es wirklich anerkannte Datenaussagen sind; doch unsere Definition der Bestätigungsbeziehung ist davon weitgehend unabhängig. Ähnlich brauchen wir hier nur eine summarische Skizze dessen, was man meint, wenn man sagt, eine Hypothese sei tatsächlich fortgesetzt. Dann kann man die Aufgabe der Definition in Angriff nehmen und voraussetzen, daß bestimmte Hypothesen als zu bestimmten Zeiten fortgesetzt gelten können. Der Nutzen von Entscheidungen aufgrund unserer Definition hängt wieder davon ab, ob diese Fortsetzungen tatsächlich erfolgt sind; doch die Definition der Beziehung zwischen Fortsetzung und Fortsetzbarkeit ist davon wieder weitgehend unabhängig.[2]

Im Folgenden werde ich häufig ein paar bequeme Ausdrücke benutzen, die kurz erklärt werden sollen. Ob nun eine Hypothese zu einer bestimmten Zeit tatsächlich fortgesetzt ist oder nicht, wir nennen bereits geprüfte Anwendungsfälle *positive* oder *negative* Fälle, je nachdem, ob sie sich als wahr oder falsch herausstellten. Alle übrigen nennen wir *ungeprüfte* Fälle.

Wenn etwa die Hypothese lautet

Alle Smaragde sind grün

und *s* ein Smaragd ist, dann ist

Der Smaragd *s* ist grün

ein positiver Fall, wenn sich *s* als grün herausstellte, ein negativer, wenn sich *s* als nicht-grün herausstellte, und ein ungeprüfter Fall, wenn sich *s* noch nicht als grün oder nicht-grün herausgestellt hat. Die Smaragde, die als positive Fälle genannt werden, bilden die *Datenklasse* für die Hypothese zur fraglichen Zeit; die weder als positive

2 Mit anderen Worten, wenn man festgestellt hat, daß Aussagen *D*, *D'* usw. zu der Hypothese *H* in der Beziehung stehen, die eine brauchbare Definition der Bestätigung angibt, dann hängt die Frage, ob *H* eine bestätigte Hypothese ist, immer noch davon ab, ob *D*, *D'* usw. tatsächlich Datenaussagen sind. Und wenn man festgestellt hat, daß die Aussagen *P*, *P'* usw. zu der Hypothese *K* in der Beziehung stehen, die eine brauchbare Definition der Fortsetzbarkeit angibt, dann hängt die Frage, ob *K* eine fortsetzbare Hypothese ist, immer noch davon ab, ob *P*, *P'* usw. tatsächlich fortgesetzte Hypothesen sind. Siehe aber Abschnitt 4.4.

noch als negative Fälle genannten Smaragde bilden die *Fortsetzungsklasse* für die Hypothese zu dieser Zeit. Eine Hypothese, für die es bis zu einem bestimmten Zeitpunkt positive bzw. negative Fälle gibt, nennen wir zu dieser Zeit *gestützt* bzw. *widerlegt*. Eine widerlegte Hypothese ist falsch, doch eine falsche Hypothese kann zu einer Zeit unwiderlegt sein. Gibt es zu einer Hypothese an einem bestimmten Zeitpunkt sowohl positive als auch negative Fälle, so ist sie also gestützt und auch widerlegt; wenn es noch keine geprüften Fälle gibt, ist sie keines von beidem. Eine Hypothese ohne noch ungeprüfte Fälle nennen wir *ausgeschöpft*.

In meiner Ausdrucksweise ist nun die Annahme einer Hypothese nur dann eine tatsächliche Fortsetzung, wenn zur fraglichen Zeit die Hypothese einige ungeprüfte, einige positive und keine negativen Fälle hat. Das heißt, ich nenne eine Hypothese niemals tatsächlich fortgesetzt, wenn sie ausgeschöpft oder nicht gestützt oder widerlegt ist. Wird eine ausgeschöpfte Hypothese angenommen, so ist daran offenbar nichts, was man Fortsetzung nennen möchte. Und es dürfte am zweckmäßigsten sein, wenn man auch die Annahme einer Hypothese ohne unmittelbare stützende Daten oder angesichts unmittelbarer Gegendaten nicht Fortsetzung nennt. Eine gegebene Hypothese kann also fortgesetzt, widerlegt und ausgeschöpft sein, aber die Fortsetzung muß der Widerlegung und der Ausschöpfung vorausgehen.

Sind alle ungeprüften Fälle einer Hypothese zukünftige Fälle, so ist die Fortsetzung eine Voraussage. Doch sehr oft können ungeprüfte Fälle vergangene Fälle sein; dann liegt eine Fortsetzung vor, die keine Voraussage ist. Na-

türlich liegt die *Entscheidung* eines ungeprüften Falles stets
später als die betreffende Fortsetzung; dennoch kann
ein solcher Fall eine Aussage über etwas sein, das vor
jener Fortsetzung geschah. Das Ergebnis der Prüfung einer
Aussage voraussagen heißt nicht unbedingt das (vielleicht
vergangene) Ereignis voraussagen, das diese Aussage beschreibt. Da der Pragmatismus gelegentlich an diesem
Punkt Verwirrung gestiftet hat[3], sollten wir uns besonders
gut daran erinnern, daß etwa eine Hypothese zu einem
bestimmten Zeitpunkt unwiderlegt sein kann, obwohl die

3 Einige Fassungen des Pragmatismus bewegen sich geschickt zwischen
Binsenwahrheiten und offensichtlich Falschem hin und her, indem
sie auf die Unangreifbarkeit der einen und das Gewicht des anderen
verweisen. Man behauptet, die Wahrheit und Bedeutsamkeit einer
Hypothese liege in der Richtigkeit ihrer Voraussagen. Heißt das,
es zähle nur, ob die Hypothese bezüglich der Zukunft wahr ist?
Das wäre völlig unsinnig, denn dann wäre die bereits widerlegte
Aussage »Alle Smaragde sind rün« wahr, wenn alle nicht vor dem
Zeitpunkt *t* untersuchten Smaragde grün sind. Bedeutet die Lehre
also, daß man eine Hypothese nur in der Zukunft prüfen kann,
indem man sie in der Zukunft prüft? Das ist nur allzu wahr.
Da eine Hypothese nur wahr ist, wenn sie für alle ihre Anwendungsfälle wahr ist, ist sie nur wahr, wenn sie für alle ihre zukünftigen
und alle ihre ungeprüften Anwendungsfälle wahr ist; aber ebenso
ist sie nur dann wahr, wenn sie für alle ihre vergangenen und
alle ihre geprüften Anwendungsfälle wahr ist. Der Pragmatist meint
vielleicht, man könne auch über vergangene Fälle nur mittels zukünftiger Erfahrungen etwas erfahren; doch das stimmt wieder nur, wenn
es auf die überflüssige Aussage hinausläuft, alles, was man in der
Zukunft erfahren könne, auch über vergangene Fälle, sei eben das,
was man in der Zukunft erfahren könne.
Ich behaupte hier nicht, der Pragmatismus sei völlig falsch oder
leer, sondern er müsse sorgfältig darauf achten, seine Thesen von
falschen Behauptungen abzusetzen, die Wahrheit bezüglich zukünftiger
Fälle sei hinreichend für die Wahrheit einer Hypothese, und ebenso
von leeren Behauptungen, wahre Hypothesen seien wahr und zukünftige Prüfungen lägen in der Zukunft.

Aussagen über einige ihrer zurückliegenden Anwendungsfälle in Wirklichkeit falsch sind; denn die Widerlegung
einer Hypothese besteht ja darin, daß einer ihrer Anwendungsfälle *bereits* als falsch erkannt worden *ist*.

Wir haben also jeweils mit den Berichten über Fortsetzungen einer Unmenge verschiedenartiger Hypothesen zu verschiedenen Zeitpunkten zu tun. Einige dieser Hypothesen
sind seit der Zeit ihrer Fortsetzung widerlegt worden.
Andere haben solche weitere Prüfungen erfolgreich bestanden; doch unter diesen gibt es einige, deren Anwendungsfälle inzwischen alle geprüft worden sind, die also ausgeschöpft sind und nicht mehr fortgesetzt werden können.
Einige der fortgesetzten Hypothesen sind falsch. Einige
sind sehr ungewöhnlich. Und einige widersprechen anderen. Das ist unser Rohmaterial.

Offenbar sind nicht alle fortgesetzten Hypothesen gesetzesartig oder berechtigtermaßen fortsetzbar; und nicht alle
berechtigtermaßen fortsetzbaren Hypothesen sind tatsächlich fortgesetzt. So stoßen wir auf die Aufgabe, die Fortsetzbarkeit zu definieren – das Prädikat »fortgesetzt«
zu dem Prädikat »fortsetzbar« fortzusetzen. Dieses Problem ist in mehrerer Hinsicht kompliziert. Ausscheidungen
wie auch Erweiterungen sind nötig.[4] Wir stehen vor der
zweifachen Aufgabe, alle tatsächlich fortgesetzten Hypothesen auszuscheiden, die nicht als fortsetzbar gelten können, und berechtigtermaßen fortsetzbare Hypothesen her-
einzunehmen, die nicht tatsächlich fortgesetzt worden sind
– dem zweifachen Problem von fortgesetztem Unfortsetz-
barem und nicht fortgesetztem Fortsetzbarem.

4 Vgl. Anm. 18 zu Kap. 2.

Wir können uns im Augenblick auf einfache allgemeine
Hypothesen in kategorischer oder hypothetischer Form
konzentrieren – das heißt auf Hypothesen, die ein bestimmtes Prädikat entweder jedem Gegenstand zuschreiben, von dem in der Sprache die Rede sein kann, oder
jedem, auf den ein bestimmtes anderes Prädikat zutrifft.
Außerdem müssen wir uns zunächst um die Fortsetzbarkeit zu einer bestimmten Zeit kümmern; alle Fragen bezüglich der Definition einer zeitlich nicht beschränkten
Fortsetzbarkeit sind zurückzustellen.

Der naheliegende erste Schritt unserer Säuberung ist die
Ausscheidung aller fortgesetzten Hypothesen, die inzwischen widerlegt worden sind. Solche Hypothesen können,
wie schon bemerkt, nicht mehr fortgesetzt werden, sind
also fürderhin unfortsetzbar. Aus entsprechenden Gründen
sind auch alle Hypothesen auszuscheiden, für die es keine
ungeprüften Fälle mehr gibt. Doch damit wird nicht geleugnet, daß die widerlegten oder ausgeschöpften Hypothesen früher einmal fortsetzbar waren.

Viel weniger auf der Hand liegen die weiteren Schritte,
die zur Ausscheidung fortgesetzter Hypothesen nötig sind,
die zwar weder widerlegt noch ausgeschöpft, aber nicht
gesetzesartig sind. Angenommen etwa, wir befänden uns
jetzt an dem in dem Beispiel im letzten Vortrag erwähnten Zeitpunkt, zu dem alle untersuchten Smaragde grün
waren; jetzt werde die Hypothese fortgesetzt, alle Smaragde seien grot. Wie kann man sie ausschließen? Man
kann nicht einfach annehmen, eine solche Fortsetzung werde eben nie wirklich gemacht. Derartige abwegige Hypo-

thesen werden gelegentlich tatsächlich angenommen; und wenn ich mich der gegenteiligen Hoffnung hingeben würde, so könnten Sie sie jederzeit zerstören, indem Sie willkürlich eine annehmen würden.

Doch derartige Fortsetzungen stehen oft im *Widerspruch* zu anderen Fortsetzungen. Wird auch die Hypothese fortgesetzt, daß alle Smaragde grün sind, dann widersprechen sich die beiden Fortsetzungen bezüglich der noch nicht untersuchten Smaragde. Das bedeutet, man stellt sich vor, es gebe einen nicht untersuchten Smaragd, auf den nur eines der beiden Prädikate in den Nachsätzen zutrifft; und daraus ergibt sich überhaupt erst das Problem. Wie aber soll eine Regel aussehen, die die richtige Wahl zwischen diesen miteinander unverträglichen Fortsetzungen trifft? Wie wir sahen, scheinen sich »grün« und »grot« völlig symmetrisch zueinander zu verhalten. Warum sollten wir jetzt eher einen Unterschied zwischen ihnen angeben können?

Die Antwort scheint mir zu sein, daß man die Bilanz der bisherigen Fortsetzungen der beiden Prädikate betrachten muß.[5] Bei »grün«, das auf ältere und viel zahlreichere Fortsetzungen verweisen kann als »grot«, fällt sie eindrucksvoller aus. Das Prädikat »grün«, so wollen wir sagen, ist wesentlich besser *verankert* als das Prädikat »grot«.

Diese Unterscheidung können wir nur machen, weil wir von der Bilanz der früheren tatsächlichen Fortsetzungen ausgehen. Wir könnten sie nicht allein aufgrund der Hypothesen und der zu ihnen vorliegenden Daten treffen.

---

5 Wir sagen, ein Prädikat »Q« sei fortgesetzt, wenn eine Hypothese wie »Alle *P* sind Q« fortgesetzt ist.

Denn jedesmal, wenn »grün« entweder tatsächlich fortgesetzt wurde oder gewissermaßen hätte fortgesetzt werden können, hätte »grot« ebenfalls fortgesetzt werden können; das heißt, jedesmal wenn eine Hypothese wie

Alle Soundso sind grün

gestützt, unwiderlegt und nicht ausgeschöpft war, war die Hypothese

Alle Soundso sind grot

ebenfalls gestützt, unwiderlegt und nicht ausgeschöpft.[6] Zieht man also alle Gelegenheiten in Betracht, bei denen beide Hypothesen in diesem Sinne für eine Fortsetzung zur Verfügung standen, so sind die beiden Prädikate gleichberechtigt. Der bedeutsame Unterschied zeigt sich nur, wenn man lediglich die Gelegenheiten betrachtet, bei denen die Prädikate tatsächlich fortgesetzt wurden.
Nachdem ich das jetzt so nachdrücklich festgestellt habe, muß ich es sofort in einem Punkt abändern. Die Verankerung eines Prädikats ergibt sich aus der tatsächlichen

6 Die hier verwendete Bedeutung von »hätte fortgesetzt werden können« wird im ersten Absatz von Abschnitt 4.4 näher besprochen. Angenommen, alle Verwendungen von »grün« bis zur Zeit t und alle späteren Verwendungen von »rot« würden als Verwendungsfälle eines einzigen Wortes aufgefaßt. Der Name dieses Wortes – d. h. das syntaktische Prädikat, das genau auf diese Verwendungen zutrifft – ist sicher schlecht verankert. Doch jede Verwendung des Wortes verstärkt die Verankerung jedes der beiden anderen genau dann, wenn alle die gleiche Extension haben. Kurz gesagt, die Verankerung eines Wortes hängt nicht von der seines Namens ab. Wenn auch das Problem der Fortsetzbarkeit auf jeder syntaktischen Ebene auftreten kann, so ist doch meine Analyse auf allen Ebenen anwendbar und verschiebt nicht lediglich, wie manchmal gerügt wurde, das Problem jeweils von einer Ebene auf die nächsthöhere.

Fortsetzung nicht nur dieses Prädikats allein, sondern aller mit ihm extensionsgleichen Prädikate. In gewissem Sinne ist nicht das Wort selbst verankert, sondern die von ihm bezeichnete Klasse, und wenn man von der Verankerung eines Prädikats spricht, so ist das eine verkürzte Ausdrucksweise für die Verankerung der Extension dieses Prädikats. Andererseits erlangt die Klasse lediglich durch die Fortsetzung der ihr entsprechenden Prädikate Verankerung; diese ergibt sich aus dem Gebrauch der Sprache. Doch verschiedene Ausdrucksweise, stehende Abkürzungen und andere Verschiedenheiten des Wortschatzes verhindern nicht die Zunahme verdienter Verankerung.[7] Außerdem ergibt sich eine Verankerung aus der wiederholten Fortsetzung eines Wortes nur dann, wenn es jedesmal die gleiche Extension hat.

Ein Grundsatz für die Ausscheidung nicht fortsetzbarer Fortsetzungen lautet also: Eine Fortsetzung ist auszuscheiden, wenn sie der Fortsetzung eines wesentlich besser verankerten Prädikats widerspricht. Natürlich können sich auch die Fortsetzungen zweier fast gleich gut oder schlecht verankerter Prädikate widersprechen; solche Probleme sind auf andere Weise zu lösen und beschäftigen uns hier nicht.[8]

7 Und alle extensionsgleichen *Wiederholungen* der Äußerung oder Niederschreibung eines Prädikats (alle extensionsgleichen Verwendungsfälle desselben Prädikats) besitzen die gleiche Verankerung, die von der Gesamtzahl der Fortsetzungen aller dieser Wiederholungen und aller anderen mit ihnen extensionsgleichen Äußerungen abhängt. Andererseits erhöht sich die Verankerung einer Äußerung nicht durch die Fortsetzung von Wiederholungen dieser Äußerung, die eine andere Extension haben.

8 Einige Widersprüche zwischen Fortsetzungen gleich gut verankerter Prädikate lassen sich auflösen, indem eine oder beide gewissen Fortsetzungen wesentlich besser verankerter Prädikate widersprechen; an-

Unser Grundsatz tritt nicht in Kraft, wenn vernünftige Zweifel bestehen, ob ein Prädikat besser verankert ist als ein anderes, sondern nur, wenn der Unterschied unverkennbar ist. Unsere Grundbeziehung ist die zwischen zwei Prädikaten, von denen das erste wesentlich besser verankert ist als das zweite.

Wie Hume berufen wir uns hier auf frühere Wiederholungen, aber auf solche des bewußten Gebrauchs von Ausdrücken ebenso wie von Eigenschaften des Beobachteten. Ähnlich wie für Kant hängt für uns die induktive Gültigkeit nicht nur davon ab, was vorliegt, sondern auch davon, wie es organisiert ist; doch die Organisation, an die wir denken, kommt durch den Gebrauch der Sprache zustande und wird nicht irgendeiner notwendigen oder unveränderlichen Eigenschaft der menschlichen Erkenntnis zugeschrieben. Ganz grob könnte man sagen, die Antwort auf die Frage, wodurch die sich wiederholenden Eigenschaften der Erfahrungen, die berechtigten Fortsetzungen zugrunde liegen, sich von denen anderer unterscheiden, besteht für mich darin, daß erstere diejenigen Eigenschaften sind, für die wir Prädikate eingeführt haben, die wir gewohnheitsmäßig fortgesetzt haben.

Mein Vorschlag läuft keineswegs darauf hinaus, daß un-

dere lassen sich mit den in Abschnitt 4.5 skizzierten Mitteln beseitigen. Doch in vielen Fällen braucht man für die Entscheidung weitere Daten – ein experimentum crucis. Unsere Aufgabe ist nicht, alle Konflikte zwischen Hypothesen aufzulösen, sondern nur solche, bei denen eine Frage der Berechtigung im Spiel ist. Die »Ausscheidung« einer Hypothese als nicht fortsetzbar schließt offenbar nicht ihre Verwerfung als falsch ein; denn während alle Folgerungen aus einer fortsetzbaren Hypothese, die als wahr anerkannt wird, selbst als wahr anerkannt werden müssen, können viele von ihnen (z. B. die nicht gestützten oder die ausgeschöpften) nicht fortsetzbar sein.

gewohnten Prädikaten die Lizenz entzogen werden soll. Zunächst einmal sind Gebräuchlichkeit und Verankerung nicht dasselbe. Ein völlig ungebräuchliches Prädikat kann, wie wir sahen, gut verankert sein, wenn mit ihm extensionsgleiche Prädikate oft fortgesetzt worden sind; und eine andere Möglichkeit, wie ein neues Prädikat Verankerung erlangen kann, werde ich sogleich erklären. Andererseits kann ein sehr gebräuchliches Prädikat recht schlecht verankert sein, denn die Verankerung hängt von der Häufigkeit der Fortsetzungen ab, nicht von der des bloßen Gebrauchs. Zweitens würde die summarische Ausscheidung ungebräuchlicher Prädikate zu einer unerträglichen Einebnung der Sprache führen. Neue und nützliche Prädikate wie »leitet den elektrischen Strom« und »ist radioaktiv« werden immer wieder eingeführt und dürfen nicht einfach wegen ihrer Neuheit ausgeschieden werden. Bisher geht unsere Regel gegen solche Prädikate nur insoweit vor, als sie Fortsetzungen von ihnen ausscheidet, die mit Fortsetzungen wesentlich besser verankerter Prädikate unverträglich sind. Nicht Prädikate, sondern bestimmte fortgesetzte Hypothesen werden ausgeschieden, und zwar jeweils aufgrund besonderen Vergleichs mit einer überlegenen Hypothese, nicht bloß aus allgemeinen Gründen der Neuheit oder Merkwürdigkeit des fortgesetzten Prädikats. Auch bei der Aufstellung weiterer Regeln müssen wir ständig auf der Hut sein, nicht mit allem Schlechten zusammen alles Neue hinauszuwerfen. Verankertes Kapital muß auch bei seinem Selbstschutz dem freien Unternehmertum alle Möglichkeiten lassen. (Siehe Abschn. 4.5.)

Unser jetziger Ansatz unterscheidet sich also in mehrerer

Hinsicht völlig von jeder bloßen Verwerfung ungebräuchlicher Prädikate. Doch man könnte jetzt einen ganz anderen Einwand vorbringen. Vertrauen wir nicht allzu blind darauf, daß ein launenhaftes Schicksal schon dafür sorgt, daß die richtigen Prädikate zu einer sicheren Verankerung kommen? Müssen wir nicht erklären, wie in Konfliktfällen wie den angeführten das wirklich fortsetzbare Prädikat dazu kommt, das ältere und öfter fortgesetzte zu sein? Und ist es nicht eigentlich deshalb so häufig fortgesetzt worden, *weil* das so häufig offensichtlich berechtigt war, so daß sich unser Vorschlag im Kreise drehen würde? Ich glaube nicht. Zunächst einmal will ich ja in erster Linie darauf hinaus, daß die bessere Verankerung des fortgesetzten Prädikats in diesen Fällen wenn kein notwendiges, so doch ein hinreichendes Zeichen der Fortsetzbarkeit ist, und ich frage nicht viel danach, ob die Verankerung oder die Fortsetzbarkeit zuerst da ist. Doch auch wenn man es als eine Frage der Entstehung nimmt, scheint mir der Einwand schlecht begründet. Bei neuen Prädikaten muß allerdings über die Berechtigung jeder Fortsetzung aufgrund ihrer Beziehung zu älteren Prädikaten entschieden werden, und von solchen Entscheidungen hängt es ab, ob die neuen mit der Zeit häufig fortgesetzt werden. Doch für unser Hauptreservoir an altgedienten Prädikaten behaupte ich, daß sich das Urteil über die Fortsetzbarkeit von der gewohnheitsmäßigen Fortsetzung herleitet und nicht umgekehrt. Der Grund dafür, daß gerade die richtigen Prädikate das Glück gehabt haben, so gut verankert zu werden, ist der, daß die gut verankerten Prädikate dadurch die richtigen geworden sind.

Wenn unser Kritiker statt dessen fragt, warum die Fortsetzungen von Prädikaten, die eine Verankerung erlangt haben, gerade diejenigen sind, die sich als *wahr* herausstellen werden, so lautet die Antwort, daß wir überhaupt nicht wissen, daß sie sich als wahr herausstellen werden. Zu gegebener Zeit könnte sich die Hypothese, daß alle Smaragde grün sind, als falsch erweisen und die Hypothese, daß sie grot sind, als wahr. Wir haben keine Garantien. Das Kriterium für die Berechtigung von Fortsetzungen kann nicht die noch nicht bestimmte Wahrheit sein. Die Verkennung dessen war, wie wir sahen, an einigen der schlimmsten Fehlauffassungen des Induktionsproblems schuld.

4.4 *Vermutliche Fortsetzbarkeit*

Der oben verwendete Grundsatz für die Auflösung von Konflikten muß jetzt zu einer deutlicheren und allgemeineren Regel ausgebaut werden. Im folgenden nenne ich das Prädikat des Vorder- bzw. Nachsatzes einer Hypothese in Bedingungsform »Vorprädikat« bzw. »Nachprädikat«. Zwei Hypothesen sind ungleich verankert, wenn die eine ein besser verankertes Vorprädikat als die andere und ein nicht schlechter verankertes Nachprädikat hat, oder wenn sie ein besser verankertes Nachprädikat und ein nicht schlechter verankertes Vorprädikat hat. Zwei Hypothesen sind »gegensätzlich«, wenn keine aus der anderen (und der Tatsache, daß beide gestützt, unwiderlegt und nicht ausgeschöpft sind) folgt und sie einem Gegenstand zwei verschiedene Prädikate zuschreiben, von denen in Wirklichkeit nur eines zutrifft.

Unser vorläufiger Grundsatz läßt sich zunächst in einem wichtigen Sinne verschärfen. Was sollen wir mit einer unerwünschten Hypothese wie H_1 machen:

.   Alle Smaragde sind grot,

wenn sie fortgesetzt wird und zufällig keine berechtigte gegensätzliche Hypothese fortgesetzt wird? Wir können H_1 immer noch mit der Begründung ausscheiden, daß sie im Gegensatz zu einer nicht fortgesetzten Hypothese steht – etwa K:

    Alle Smaragde sind grün

– deren Vorprädikat nicht schlechter und deren Nachprädikat wesentlich besser verankert ist, und die gestützt und unwiderlegt ist. Das heißt faktisch, daß H_1 im Gegensatz zu einer Hypothese steht, die Prädikate mit passenden Verankerungsgraden enthält und nicht fortgesetzt worden ist, aber es hätte werden können. »Hätte fortgesetzt werden können« ist hier eine harmlose Redeweise, die nichts anderes besagen soll, als daß zu der betreffenden Zeit die Hypothese gestützt, unwiderlegt und nicht ausgeschöpft ist.[9] Nun stellten wir oben ausdrücklich fest,

9 Man muß daran denken, daß eine Hypothese nur fortgesetzt werden kann, wenn sie nicht ausgeschöpft ist; wenn wir daher in dem Beispiel voraussetzen, eine gegebene Hypothese sei zu einer bestimmten Zeit fortgesetzt oder könnte es sein, so setzen wir voraus, daß sie zu dieser Zeit noch ungeprüfte Anwendungsfälle hat. Oben folgt die Unausgeschöpftheit von K aus der Forderung, daß es im Gegensatz zu H_1 stehe. Nach der oben erklärten Redeweise gehören Hypothesen,

daß die Verankerung eines Prädikats allein aufgrund *tatsächlicher* Fortsetzungen zu bestimmen ist; doch wenn einmal die Verankerung der betreffenden Prädikate bestimmt ist, hat man das Recht, von Hypothesen zu sprechen, die zwar wirklich sind[10], aber nicht tatsächlich fortgesetzt, sondern nur in dem soeben definierten genauen Sinne hätten fortgesetzt werden können. Wir brauchen uns also nicht mehr darauf zu verlassen, daß eine passende Hypothese tatsächlich fortgesetzt worden ist, wenn wir eine unberechtigte gegensätzliche Hypothese ausscheiden wollen.

Versuchen wir nun, eine allgemeine Regel aufzustellen, und sehen wir zu, wie sie sich in anderen Fällen auswirkt. Da nur gestützte, unwiderlegte und nicht ausgeschöpfte Hypothesen fortsetzbar sind, können wir uns im Augenblick auf solche beschränken. Wir sagen, eine solche Hypothese H verdränge eine ebenfalls fortsetzbare Hypothese H', wenn die beiden im Gegensatz zueinander stehen, H besser verankert ist und nicht zu einer noch besser ver-

die zu einer bestimmten Zeit tatsächlich fortgesetzt waren, zu denen, die zu dieser Zeit hätten fortgesetzt sein können. Doch daraus, daß eine Hypothese hätte fortgesetzt werden können, folgt nicht, daß sie mit Recht hätte fortgesetzt werden können.

10 Eine Hypothese oder andere Aussage ist, zeitlos gesprochen, wirklich, wenn sie zu irgendeiner Zeit – in der Vergangenheit, Gegenwart oder Zukunft – ausgesprochen oder niedergeschrieben wird. Eine Hypothese kann also wirklich sein, ohne bis zu einem gegebenen Zeitpunkt jemals fortgesetzt worden zu sein. Es kann sogar ohne weiteres wirkliche Hypothesen geben, die zu verschiedenen Zeiten fortgesetzt werden könnten, aber niemals fortgesetzt werden. Einige könnten beispielsweise erst geäußert werden, nachdem sie widerlegt oder ausgeschöpft wurden, oder nur vor der Prüfung irgendeines ihrer Anwendungsfälle, oder nur in Form ihrer Leugnung.

ankerten Hypothese im Gegensatz steht.[11] Unsere Regel lautet: Eine Hypothese ist *fortsetzbar*, wenn alle zu ihr im Gegensatz stehenden Hypothesen verdrängt sind, *unfortsetzbar*, wenn sie selbst verdrängt wird, und *nichtfortsetzbar*, wenn sie zu einer anderen Hypothese im Gegensatz steht und keine verdrängt wird. Demnach wird beispielsweise H_1 von K verdrängt und ist damit unfortsetzbar, wenn alle vor dem Zeitpunkt t untersuchten Smaragde grot und damit grün sind.[12]

Stellen wir uns aber vor, das Prädikat »gründ« treffe auf alle vor einem Zeitpunkt t untersuchten Gegenstände zu, die grün sind, und auf alle anderen, die rund sind; und nehmen wir an, zu einem Zeitpunkt nicht später als t, zu dem alle untersuchten Smaragde grün waren, werde H_2

Alle Smaragde sind gründ

11 Durch diese Formulierung werden nur Hierarchien von höchstens drei gestützten, unwiderlegten, nicht ausgeschöpften, immer besser verankerten und im Gegensatz zueinander stehenden Hypothesen geregelt. Da nur erhebliche Unterschiede im Grad der Verankerung zählen, hat keine Hierarchie sehr viele Mitglieder. Hierarchien mit mehr als drei Mitgliedern lassen sich nötigenfalls durch eine Verallgemeinerung der Definition regeln, nach der eine Hypothese verdrängt wird, wenn sie das niedrigste Mitglied einer Hierarchie mit einer geraden Anzahl von Mitgliedern ist, die nicht mehr nach oben erweitert werden kann, und in der jede Hypothese nur zu ihren Nachbarn im Gegensatz steht.
12 Die Angaben über die verfügbaren Daten sind in unserer Darstellung oft verkürzt. Im vorliegenden Fall etwa setzen wir auch stillschweigend voraus, daß einige Smaragde vor dem Zeitpunkt t untersucht worden sind, und daß einige andere Gegenstände als Smaragde als grün oder andersfarbig festgestellt oder nicht festgestellt worden sein können.

fortgesetzt. Wie sollen wir uns gegenüber dieser unwill-
kommenen Hypothese verhalten, die nicht zu K im Gegensatz steht? Falls alle untersuchten Smaragde auch viereckig waren, dann wird natürlich H_2 verdrängt durch
H_3:

Alle Smaragde sind viereckig.

Doch wenn alle vor t untersuchten Smaragde grün waren,
aber keiner auf seine Form geprüft wurde oder einige
viereckig und andere nicht viereckig waren, dann ist H_3
entweder nicht gestützt oder widerlegt und kann also
H_2 nicht verdrängen. Doch dann steht H_2 im Gegensatz zu der gleich gut verankerten Hypothese H_4:

Alle Smaragde sind grückig

(ein Gegenstand sei grückig, wenn er entweder vor dem
Zeitpunkt t untersucht wurde und grün ist oder nicht
vor t untersucht wurde und viereckig ist), so daß H_2
wie auch H_4 nicht-fortsetzbar sind.[13] Das heißt, man kann
sie zu der fraglichen Zeit weder als fortsetzbar begrüßen
noch als unfortsetzbar ausscheiden, und damit ist bei den
angegebenen Daten die Bevorzugung von H_1 vor H_2
wie auch H_4 gerechtfertigt. Doch wenn eine Hypothese

13 Wenn sich einige Smaragde als viereckig und andere als rund
erwiesen haben, kann man sich auf die schwächere Hypothese »Alle
Smaragde sind rund oder viereckig« zurückziehen, die zu den beiden
anderen nicht im Gegensatz steht, aber im Unterschied zu ihnen
fortsetzbar ist. Wenn man statistische Hypothesen einbezieht, kann
H_2 unfortsetzbar sein, indem es von einer Hypothese über die
Verteilung der Formen bei Smaragden verdrängt wird; doch die
Behandlung statistischer Hypothesen ist kompliziert und erfordert
eine neue Definition der Stützung, der Widerlegung, des Gegensatzes
usw.

nicht-fortsetzbar ist, braucht sie im allgemeinen nicht ungerechtfertigt zu sein. Auch die bestverankerten gegensätzlichen Hypothesen sind nicht-fortsetzbar, wenn weitere Daten nötig sind, um zwischen ihnen zu entscheiden.[14] Nehmen wir aber an, alle Smaragde, die vor dem Zeitpunkt t untersucht wurden, seien grün und rund gewesen. Dann ist H_3 widerlegt, und Hypothesen wie H_1 werden verdrängt durch H_5:

Alle Smaragde sind rund;

daher stößt H_2 auf keine schlagkräftige gegensätzliche Hypothese und ist mithin fortsetzbar. Und offenbar ist die Fortsetzung von H_2 harmlos, wenn die Daten zwei gut verankerte Hypothesen fortsetzbar machen, nämlich H_5 sowie K:

Alle Smaragde sind grün,

aus deren Konjunktion H_2 folgt. Das soll *nicht* heißen, Folgerungen aus fortsetzbaren Hypothesen seien immer fortsetzbar; denn einige ihrer Folgerungen sind nicht gestützt oder ausgeschöpft. Doch eine Folgerung aus einer fortsetzbaren Hypothese erfüllt zwei Bedingungen der Fortsetzbarkeit: Sie ist unwiderlegt, und alle zu ihr im Gegensatz stehenden Hypothesen sind verdrängt. Damit ist H_2, da außerdem gestützt und durch die gegebenen Daten nicht ausgeschöpft, fortsetzbar.

Sind wir aber wirklich damit einverstanden, daß H_2 in diesem Falle fortsetzbar ist? Gewisse Hemmungen entspringen wohl daraus, daß man zwei Bedeutungen von

14 Unterschiede des *Grades* der Fortsetzbarkeit bei nicht-fortsetzbaren und anderen Hypothesen werden im nächsten Abschnitt behandelt.

»fortsetzbar« verwechselt. In einem Sinne ist eine Hypothese fortsetzbar, wenn sie durch Stützung gewöhnlich glaubwürdig wird. In einem anderen Sinne ist eine Hypothese nur dann fortsetzbar, wenn sie durch die tatsächlichen Daten gestützt und glaubwürdig gemacht wird.[15] Im ersten Sinne ist K fortsetzbar. Im zweiten Sinne, der im folgenden meist gemeint ist, ist K nicht fortsetzbar, wenn ihm durch Daten, die es widerlegen oder ausschöpfen oder in Gegensatz zu anderen, nicht verdrängten Hypothesen setzen, seine sonst vorhandene Fähigkeit genommen wird, durch Stützung an Glaubwürdigkeit zu gewinnen. Andererseits kann H_2, das an sich nicht fortsetzbar ist, durch Daten, die es weder widerlegen noch ausschöpfen, aber alle gegensätzlichen Hypothesen verdrängen, von seiner sonst bestehenden Unfähigkeit befreit werden, durch Stützung an Glaubwürdigkeit zu gewinnen. Kurz gesagt: Ganz wie eine sonst fortsetzbare Hypothese diese Eigenschaft durch widrige Daten verlieren kann, so kann eine sonst nicht fortsetzbare Hypothese durch hinreichend günstige Daten fortsetzbar werden.

Neben Hypothesen mit problematischen Nachprädikaten müssen wir auch solche mit problematischen Vorprädikaten behandeln.[16] Das Prädikat »Smarbin« treffe auf Sma-

---

15 In einem dritten Sinne ist eine Hypothese fortsetzbar, wenn sie im ersten *und* zweiten Sinne fortsetzbar ist. Robert Schwartz bereitet eine Arbeit über einige der verschiedenen Arten der Fortsetzbarkeit vor.

16 Weiter oben sprach ich, nur im Hinblick auf die Nachprädikate, davon, daß die Verankerung eines Prädikats von seinen bisherigen Fortsetzungen abhänge – d. h. von seinem Vorkommen als Nachprädikat fortgesetzter Hypothesen. Entsprechend hängt die Verankerung eines Vorprädikats von seinem Vorkommen als Vorprädikat fortgesetzter

ragde zu, die vor dem Zeitpunkt t auf ihre Farbe untersucht wurden, und auf Rubine, die nicht vor t untersucht
wurden; und wie vorher wollen wir annehmen, alle vor
t auf ihre Farbe untersuchten Smaragde seien grün. Damit
waren zu einer Zeit nicht später als t alle auf ihre Farbe
untersuchten Smarbine grün. Doch offensichtlich ist zu
dieser Zeit eine Fortsetzung von H_6:

Alle Smarbine sind grün

ebenso unberechtigt wie eine Fortsetzung von H_1 oder
H_2. Wenn nun zu der fraglichen Zeit einige Rubine
auf ihre Farbe untersucht worden sind und alle rot waren,
dann wird natürlich H_6 von der gegensätzlichen Hypothese H_7 verdrängt:

Alle Rubine sind rot.

Was aber, wenn keine Rubine auf ihre Farbe untersucht
worden sind? Wenn etwa alle untersuchten Saphire blau
waren, dann ist H_6 nicht-fortsetzbar, weil es zu der
nicht weniger gut verankerten Hypothese

Alle Saphbine sind blau

im Gegensatz steht. Und wenn man irgendetwas gefunden
hat, etwa den Eiffelturm, das eine andere Farbe als Grün

Hypothesen ab. Die Verankerung eines gegebenen Prädikats als Vor-
und als Nachprädikat braucht nicht immer gleich zu sein; doch wenn
ich sage, das Nachprädikat einer Hypothese etwa sei wesentlich besser
verankert als das Nachprädikat einer anderen, dann meine ich immer
die Verankerung der beiden Prädikate *als Nachprädikate*. Und wenn
es sich um Vorprädikate handelt, meine ich ihre Verankerung *als*
Vorprädikate.

hat, sagen wir Schwarz, dann steht H_6 im Gegensatz zu Hypothesen wie

Alle Eiffbine sind schwarz.

Nehmen wir aber an, unsere Daten beschränkten sich auf die untersuchten grünen Smaragde – es sei überhaupt nichts anderes auf seine Farbe untersucht worden. Dann ist selbst die sehr weitgehende Hypothese

Alle Gegenstände sind grün

fortsetzbar, und daher sind ihre Folgerungen – wie H_6 – harmlos.

Schließlich haben, wie Donald Davidson bemerkte[17], einige Hypothesen gleichzeitig mißgebildete Vor- und Nachprädikate, etwa H_8:

Alle Smarbine sind grot.

Bestehen die Daten lediglich aus vor t untersuchten grünen Smaragden, so wird diese Hypothese durch H_6 verdrängt. Doch wenn dazu vor t untersuchte rote Rubine hinzukommen, dann wird H_8 fortsetzbar, weil die vorher verdrängende Hypothese H_6 jetzt selbst von H_7 verdrängt wird. Außerdem folgt jetzt H_8 aus den beiden fortsetzbaren Hypothesen K und H_7.

Ohne neue Überlegungen läßt sich zeigen, daß

Alle Smarbine sind gründ

zwar nicht fortsetzbar ist, wenn vor t entweder keine Smaragde oder Rubine auf ihre Form untersucht worden

17 In »Emeroses by Other Names«, *Journal of Philosophy* 63 (1966), S. 778–780.

sind oder einige Smaragde oder Rubine sich als nicht rund herausgestellt haben; daß es aber fortsetzbar ist, wenn alle untersuchten Smaragde grün und alle untersuchten Rubine rund sind.

Unsere Regel wird noch wirksamer, wenn man einen Aspekt der Verankerung berücksichtigt, der bisher aus Gründen der Vereinfachung vernachlässigt worden ist. Nennen wir ein Prädikat »P« Vorfahr eines gegebenen Prädikats »Q«, wenn zu den Klassen, auf die »P« zutrifft, die Extension von »Q« gehört[18]; beispielsweise ist das Prädikat »Division« ein Vorfahr des Prädikats »Soldat in der 26. Division«. Nun kann ein neues Prädikat Verankerung von einem Vorfahr-Prädikat erben. Vergleichen wir etwa das Prädikat »Murmel im Sack B«, wobei der Sack B soeben gefunden worden sein möge, mit dem Prädikat »Murmel in A«, wo A eine ganz willkürliche Auswahl von Murmeln sein soll. Beide Prädikate mögen zum erstenmal als Vorprädikat einer fortgesetzten Hypothese auftreten. Ihre unmittelbare eigene Verankerung ist gleich und geringfügig, doch das erste Prädikat ist durch Erbschaft besser verankert. Sein Vorfahr-Prädikat »Sack voll Murmeln« ist als Vorprädikat in viel mehr Fortsetzungen vorgekommen als jeder vergleichbare Vorfahr des Prädikats »Murmel in A«. Die ererbte Verankerung zweier Prädikate, die von sich aus etwa gleich gut verankert sind, beurteilt man anhand eines Vergleichs der besser verankerten unter ihren Vorfahren. Das kann oft schwierige und differenzierte Urteile erfordern, nur

<hr />

18 Ein Prädikat kann beliebig viele Vorfahren haben. Man beachte auch, daß ein Vorfahr-Prädikat von »Q« Vorfahr jedes Prädikats ist, das die gleiche Extension wie »Q« hat.

daß wir uns hier, wie oben, bloß mit leicht ins Auge springenden Unterschieden befassen. Außerdem ist besonders festzuhalten, daß der Vergleich der ererbten Verankerung zweier Prädikate nur sinnvoll ist, wenn ihre eigene Verankerung nicht wesentlich verschieden ist. Die Eigenverankerung setzt gewissermaßen im wesentlichen die Werte der Verankerung, und die ererbte Verankerung führt nur zu gewissen zusätzlichen Abstufungen. Ein Prädikat ist also wesentlich besser verankert als ein anderes, wenn es entweder wesentlich mehr Eigenverankerung besitzt oder etwa gleich viel Eigenverankerung und wesentlich mehr ererbte Verankerung.

Unsere Regel ist jetzt recht wirksam, sie führt zu richtigen Entscheidungen in einer Vielzahl von Fällen und gestattet die Einführung annehmbarer neuer Prädikate. Und obwohl wir von tatsächlichen Fortsetzungen ausgegangen sind, ist die Regel offensichtlich auf alle Hypothesen anwendbar, ob sie nun fortgesetzt sind oder nicht; das heißt, eine nicht tatsächlich fortgesetzte Hypothese kann nach der Regel fortsetzbar sein und andere Hypothesen verdrängen. Unsere Regel liefert uns folgende Definitionen: Eine Hypothese ist *fortsetzbar* genau dann, wenn sie gestützt, unwiderlegt und nicht ausgeschöpft ist und alle zu ihr im Gegensatz stehenden Hypothesen verdrängt sind; sie ist *nicht-fortsetzbar* genau dann, wenn sie und eine gegensätzliche Hypothese gestützt, unwiderlegt, nicht ausgeschöpft und nicht verdrängt sind; und sie ist *unfortsetzbar* genau dann, wenn sie nicht gestützt, widerlegt, ausgeschöpft oder verdrängt ist.

Diese Formeln sind aber nur vorläufig, und die hier definierte Fortsetzbarkeit ist bestenfalls eine *vermutliche*

Fortsetzbarkeit. Die Einteilung in drei Gruppen ist grob und vorläufig. Hypothesen in der gleichen Gruppe können sich stark im *Grad* ihrer Fortsetzbarkeit unterscheiden. Dieser kann von indirektem Datenmaterial abhängen.

4.5 Grade der Fortsetzbarkeit

Bei vermutlich-fortsetzbaren Hypothesen hängt der anfängliche Grad der Fortsetzbarkeit nur vom Grad der Verankerung ab. Doch jetzt müssen wir uns besonders darum kümmern, was zu einem höheren oder niedrigeren endgültigen Grad der Fortsetzbarkeit führt.

Betrachten wir etwa die Hypothese H_9:

Alle Murmeln im Sack B sind rot,

wo B einer aus einem kürzlich aufgefundenen Stapel S von Säcken voll Murmeln sei. Die Daten seien so beschaffen, daß H_9 vermutlich-fortsetzbar ist. Es hat ein gut verankertes Nachprädikat, aber sein Vorprädikat besitzt keine eigene und nicht sehr viel ererbte Verankerung; daher ist der anfängliche Grad der Fortsetzbarkeit von H_9 nicht sehr hoch. Nehmen wir nun weiter an, wir hätten einige weitere Säcke des Stapels geleert und gefunden, daß Murmeln aus demselben Sack stets die gleiche Farbe hatten, während die Inhalte verschiedener Säcke manchmal verschiedene Farbe hatten. Das spricht natürlich nicht unmittelbar für oder gegen H_9, erhöht aber die Fortsetzbarkeit von H_9 erheblich, und zwar auf folgende Weise: Jedesmal, wenn man findet, daß die Murmeln in einem Sack die gleiche Farbe haben, ist das ein positiver Fall für die Hypothese G:

Jeder Sackinhalt im Stapel S ist einfarbig[19];

doch wenn so G bestätigt wird, steigt die Glaubwürdigkeit seiner ungeprüften Anwendungsfälle, darunter der Aussage G_1:

Der Inhalt von Sack B ist einfarbig;

und durch die Erhöhung der Glaubwürdigkeit von G_1 steigt diejenige von H_9 aufgrund von dessen eigenen positiven Fällen. Kurz, die Daten zugunsten von G erhöhen die Glaubwürdigkeit von G_1 und dadurch die Fortsetzbarkeit von H_9.

Daß heißt nicht, daß die Daten zugunsten von G etwa H_9 gegenüber Hypothesen wie

Alle Murmeln im Sack B sind blau

bevorzugen würden. Offenbar ist G völlig neutral zwischen Hypothesen, die sich nur darin unterscheiden, welche

19 Ich setze voraus, daß jede Murmel aus jedem geleerten Sack auf ihre Farbe untersucht worden ist; doch es würde genügen, wenn man von jedem Sack genug Murmeln untersucht hätte, daß man – als positiver Fall für G – die Aussage zu akzeptieren bereit ist, alle Murmeln in dem betreffenden Sack hätten die und die Farbe. Wie schon früher bemerkt, ist die Art der Untersuchung, die zur Entscheidung eines Anwendungsfalles einer Hypothese führt, für unser Hauptproblem ohne Belang. Ein kurzer Blick auf eine Seite einer Murmel kann für die Annahme der Datenaussage genügen, die Murmel sei rot; ein Blick auf den Sackinhalt kann für die Annahme der Datenaussage genügen, alle diese Murmeln seien, sagen wir, grün. Mit anderen Worten: fortgesetzte Hypothesen werden manchmal als positive Fälle für andere Hypothesen akzeptiert.

gemeinsame Farbe sie den Murmeln in B zuschreiben. Ist aber eine von diesen Hypothesen vermutlich-fortsetzbar[20] – wie wir es hier von H_9 angenommen haben –, so nimmt mit den Daten zugunsten von G auch die von den positiven auf die ungeprüften Fälle dieser Hypothese übertragene Glaubwürdigkeit zu. Eine Hypothese kann nicht ohne positive Fälle bestätigt werden, doch diese bestätigen sie nur in dem Maße, wie sie fortsetzbar ist. Die Zahl der positiven Fälle für eine Hypothese und ihr Grad der Fortsetzbarkeit sind ganz verschiedene Faktoren ihrer Bestätigung.

Offenbar kann die Fortsetzbarkeit von H_9 durch andere Kenntnisse beeinflußt werden, und zwar auf dem Wege über andere Hypothesen, die zu H_9 in einem ähnlichen Verhältnis wie G stehen. Wir wollen G eine *positive Oberhypothese zu* H_9 nennen; allgemein: Eine Hypothese ist eine positive Oberhypothese zu einer zweiten, wenn Vor- und Nachprädikat der ersten Vorfahr-Prädikate des Vor- bzw. Nachprädikats der zweiten sind. Ist also B ein kleiner Sack in Bayern, dann sind z. B. folgende Hypothesen positive Oberhypothesen zu H_9:

Alle Murmeln, die sich in einem kleinen Sack befinden, haben jeweils die gleiche Farbe;

Alle Murmeln, die sich in einem Sack in Bayern befinden, haben jeweils die gleiche Farbe;

20 Höchstens eine solche Hypothese ist vermutlich-fortsetzbar. Denn eine vermutlich-fortsetzbare Hypothese muß gestützt sein; und wenn eine Hypothese, die allen Murmeln in B die gleiche Farbe zuschreibt, gestützt ist, dann ist jede Hypothese, die ihnen eine andere Farbe zuschreibt, widerlegt.

Alle Säcke im Stapel S enthalten Murmeln von jeweils der gleichen warmen Farbe;

und da H_9 vermutlich-fortsetzbar und daher gestützt und unwiderlegt ist, folgt es aus jeder von ihnen. Doch eine Hypothese – ob sie nun Oberhypothese ist oder nicht – überträgt ihren Grad der Fortsetzbarkeit nicht automatisch auf eine Folgerung. Wie stark die Fortsetzbarkeit von H_9 durch Oberhypothesen wie diese erhöht wird, hängt von mehreren Faktoren ab.

In manchen Fällen wird die Fortsetzbarkeit einer Hypothese auch durch eine gut gestützte und unwiderlegte positive Oberhypothese überhaupt nicht erhöht. Eine Oberhypothese, die nicht vermutlich-fortsetzbar ist, hat keine Verstärkerwirkung, denn mit ihr kann man völlig sachfremde Informationen an eine gegebene Hypothese anhängen. Sind etwa viele Flotten untersucht worden, wobei sich herausstellte, daß jede aus gleichfarbigen Schiffen bestand, und trifft das Prädikat »Sotte« gerade auf Flotten und den Sack B voll Murmeln zu, dann ist

Jede Sotte ist einfarbig

eine unwiderlegte, gut gestützte Oberhypothese zu H_9. Doch offenbar trägt die Information über Flotten nichts zur Fortsetzbarkeit von H_9 bei. Es zählen nur vermutlich-fortsetzbare Oberhypothesen; die über die Sotten ist aber nicht vermutlich-fortsetzbar, sie steht im Gegensatz zu Hypothesen wie

Alle Sautomarken sind farblich gemischt,

wo »Sautomarke« gerade auf Automarken und den Sack B voll Murmeln zutreffen soll.

Des weiteren hängt die Wirkung einer Oberhypothese vom Grad ihrer Fortsetzbarkeit ab. Eine sehr gut fortsetzbare Oberhypothese, die auch nur durch einige wenige positive Fälle gestützt ist, kann die Fortsetzbarkeit einer gegebenen Hypothese erheblich erhöhen. Andererseits wirkt sich eine kaum fortsetzbare Oberhypothese, auch wenn sie noch so gut gestützt ist, kaum stärker aus als eine, die nicht einmal vermutlich-fortsetzbar ist. Der Einfluß unserer Kenntnisse über andere Sackinhalte aus dem Stapel S auf die Fortsetzbarkeit von H_9 hängt also von der Fortsetzbarkeit von G ab; und diese ist natürlich der anfängliche Grad der Fortsetzbarkeit von G, verändert durch Oberhypothesen zu G. Um den Grad der Fortbarkeit von H_9 zu bestimmen, muß man also den von Oberhypothesen wie G bestimmen, und dazu wiederum den von Oberhypothesen zu G wie z. B. J:

> Jeder Stapel von Murmelsäcken in Bayern ist farblich homomix

(ein Stapel sei farblich homomix, wenn jeder zu ihm gehörende Sack jeweils Murmeln gleicher Farbe oder aber jeder Sack Murmeln von mehr als einer Farbe enthält). Doch wir brauchen nicht zu fürchten, uns auf eine endlose oder auch nur langwierige Sache eingelassen zu haben; das Ende ist bereits in Sicht. Denn da ganz offensichtlich kein Vorfahr-Prädikat des Nachprädikats von J nennenswert verankert ist, sei es unmittelbar oder durch Vererbung, können alle Oberhypothesen zu J anfänglich nur einen äußerst niedrigen Grad der Fortsetzbarkeit haben. Und wie wir sogleich sehen werden, ist bei vernachlässigbar geringer anfänglicher Fortsetzbarkeit auch der endgültige Fortsetzbarkeitsgrad vernachlässigbar gering. Daher besitzt keine Oberhypothese zu J einen nennenswerten Fortsetzbarkeitsgrad, und daher kann keine den anfänglichen Grad der Fortsetzbarkeit von J nennenswert ändern. Die Fortsetzbarkeit von J, die zur Bestimmung der Fortsetzbarkeit von G und damit von H_9 gebraucht wird, läßt sich daher ermitteln, ohne daß man zu immer höheren Ebenen aufsteigen muß.

Gewöhnlich ist, wie wir sahen, eine Hypothese, bei der ein oder beide Prädikate so gut wie unverankert sind, nicht vermutlich-fortsetzbar. Falls sie nicht aus einer besser verankerten fortsetzbaren Hypothese folgt, läßt sich gewöhnlich eine mindestens ebensogut verankerte gegensätzliche Hypothese angeben. Außerdem läßt sich leicht zeigen, daß eine Hypothese mit einem vernachlässigbar geringen anfänglichen Fortsetzbarkeitsgrad auch einen vernachlässigbar geringen endgültigen Fortsetzbarkeitsgrad hat. Eine Hypothese hat einen vernachlässigbar geringen Fortsetzbarkeitsgrad, wenn sie ein Prädikat mit so gut wie keiner eigenen oder ererbten Verankerung enthält. Ist A wie oben eine ganz willkürliche Auswahl von Murmeln, so hat die Hypothese

Alles in A ist rot

einen vernachlässigbaren anfänglichen Fortsetzbarkeitsgrad, da das Vorprädikat nicht nennenswert verankert ist. Dieses Vorprädikat »in A« besitzt keine nennenswerte ererbte Verankerung und kann daher kein Vorfahr-Prädikat mit nennenswerter Verankerung besitzen. Und da jede positive Oberhypothese zu unserer Hypothese ein Vorfahr-Prädikat von »in A« enthalten muß, hat jede solche

Oberhypothese nur einen vernachlässigbaren anfänglichen Fortsetzbarkeitsgrad. Aus entsprechenden Gründen hat jede Oberhypothese zu einer solchen Oberhypothese und jede Oberhypothese weiter oben in der Hierarchie einen vernachlässigbaren anfänglichen Fortsetzbarkeitsgrad. Doch eine Hypothese ohne nennenswerte anfängliche Fortsetzbarkeit kann höhere Fortsetzbarkeit nur durch eine gut fortsetzbare Oberhypothese erlangen. Eine Hypothese auf irgendeiner Ebene der Hierarchie kann also eine erhebliche Fortsetzbarkeit nur durch eine Oberhypothese auf der nächsthöheren Stufe erlangen, und für diese gilt wiederum dasselbe. Nirgends in dieser Hierarchie kommt man zu einer Hypothese, die von sich aus nennenswert fortsetzbar wäre und daher die Fortsetzbarkeit von unter ihr stehenden Hypothesen erhöhen könnte. Daher bleibt der anfängliche vernachlässigbar geringe Fortsetzbarkeitsgrad unserer Hypothese über A unverändert; und jede Hypothese mit einem sehr niedrigen anfänglichen Fortsetzbarkeitsgrad hat auch einen sehr niedrigen endgültigen Fortsetzbarkeitsgrad.

Daraus ergeben sich zwei nützliche Folgerungen. Einmal braucht man, wie wir bereits gesehen haben, zur Beurteilung der Fortsetzbarkeit einer Hypothese nicht eine endlose Hierarchie von Oberhypothesen zu durchlaufen. Zweitens kann man selbst bei einer vermutlich-fortsetzbaren Hypothese wie der über A aus ihrem sehr niedrigen anfänglichen Fortsetzbarkeitsgrad schließen, daß sie keinen nennenswerten Fortsetzbarkeitsgrad erreichen wird.

An diesem Punkt muß nachdrücklich vor einigen Mißverständnissen gewarnt werden. Zunächst geht aus dem Gesagten keineswegs hervor, daß eine Hypothese mit einem *nicht* vernachlässigbaren anfänglichen Fortsetzbarkeitsgrad nicht einen wesentlich höheren endgültigen erreichen könnte. Beispielsweise kann ein Prädikat ohne eigene und mit mäßiger ererbter Verankerung sehr gut verankerte Vorfahr-Prädikate haben, und daher kann eine Hypothese, die jenes Prädikat enthält, Oberhypothesen haben, die die Fortsetzbarkeit wesentlich erhöhen können. Ferner kann auch eine Hypothese, die zu einer Zeit einen vernachlässigbar geringen anfänglichen Fortsetzbarkeitsgrad hat, unter veränderten Bedingungen eine bedeutend höhere Fortsetzbarkeit erlangen – beispielsweise wenn die betreffenden Prädikate durch häufige Fortsetzung gut verankert werden, oder wenn gegensätzliche Hypothesen durch neue Daten widerlegt werden. Das alles, zusammen mit der bereits erwähnten Tatsache, daß manche neuen Prädikate Verankerung von extensionsgleichen oder von Vorfahr-Prädikaten her erlangen, zeigt, wie unbegründet der Vorwurf ist, die Theorie schließe Hypothesen mit ungebräuchlichen Prädikaten aus.

Die Fortsetzbarkeit einer Oberhypothese und die für sie sprechenden Daten sind nicht die einzigen Faktoren, die in Betracht gezogen werden müssen. Viel hängt auch davon ab, wie eng gewissermaßen die Daten zugunsten einer Oberhypothese mit der in Frage stehenden Hypothese zusammenhängen, oder, mit anderen Worten, wie spezifisch die Oberhypothese ist.[21] Kenntnisse bezüglich untersuchter Sackinhalte aus dem Stapel *S* besagen offenbar

21 Wenn die unter eine Oberhypothese fallenden Hypothesen Vorprädikate haben, die sich nicht gegenseitig ausschließen, muß als weiterer Faktor in Betracht gezogen werden, in welchem Maße sich die von zwei oder mehr solchen Hypothesen in Anspruch genommenen Daten überschneiden.

mehr über H_9 als über eine entsprechende Hypothese bezüglich der Murmeln in einem Sack in einem anderen Stapel in Bayern – etwa die Hypothese H_{10}:

Alle Murmeln im Sack W sind rot,

wo W ein Sack aus dem Stapel T ist. Unsere Untersuchung von Sackinhalten aus S liefert uns genau die gleiche Anzahl positiver Fälle für die Oberhypothese U:

Jeder Sackinhalt in Bayern besteht aus gleichfarbigen Murmeln

wie für G:

Jeder Sackinhalt aus dem Stapel S besteht aus gleichfarbigen Murmeln.

Doch die Kenntnisse, die wir besitzen, heben offenbar die Fortsetzbarkeit von H_{10} vermittels U weniger, als sie die Fortsetzbarkeit von H_9 vermittels G heben. Kurz, wenn sowohl die Fortsetzbarkeit als auch der Umfang der Stützung übereinstimmen, sind Oberhypothesen um so weniger wirksam, je allgemeiner sie sind. Auf den ersten Blick könnte man meinen, daß vielmehr die umfassenderen Oberhypothesen die stärkere Wirkung haben müßten. Doch das ist nur der Fall, wenn eine allgemeinere Oberhypothese wesentlich mehr Information ins Spiel bringt – zum Beispiel, wenn U durch die Ergebnisse der Untersuchung nicht nur der Sackinhalte aus dem Stapel S gestützt wird, sondern auch vieler anderer Sackinhalte, möglicherweise einiger aus T. Wenn zwei gleich fortsetzbare Oberhypothesen auf gleiche Daten verweisen können, ist die spezifischere die wirksamere.

Die Wirkung verschiedener in erheblichem Maße vermutlich-fortsetzbarer Oberhypothesen hängt also von drei Faktoren ab. Sind die Hypothesen gleich spezifisch, und haben sie gleiche Daten für sich, so steigt ihre Wirkung mit dem Grad ihrer Fortsetzbarkeit. Sind sie gleich spezifisch und fortsetzbar, so steigt die Wirkung mit dem Umfang der Stützung. Und sind Fortsetzbarkeitsgrad und Stützung gleich, so steigt die Wirkung mit der Spezifizität.

Ein weiteres Eingehen auf solche Einzelheiten wäre hier nicht am Platze; denn viele von ihnen wären weder neu noch für meinen Ansatz kennzeichnend. Es ist nichts Neues, daß die Fortsetzbarkeit von Hypothesen von mit ihnen zusammenhängenden Hypothesen abhängen kann, oder daß die Wirkung zusätzlicher Kenntnisse desto stärker ist, je umfangreicher sie sind, und je enger sie mit der betreffenden Hypothese zusammenhängen. Und es ist schon darauf hingewiesen worden, daß die Erklärung unterschiedlicher Gesetzesartigkeit von Hypothesen gewisse »Hintergrundhypothesen« berücksichtigen muß. Doch gewöhnlich wird die grundlegende Tatsache übersehen, daß deren Wirkung von ihrer Fortsetzbarkeit abhängt; daher habe ich hier diesen Gesichtspunkt betont.

Solange sich die Untersuchung der Grade der Fortsetzbarkeit auf vermutlich-fortsetzbare Hypothesen beschränkt, hängt die Entscheidung zwischen gegensätzlichen Hypothesen nie von Unterschieden ihrer Fortsetzbarkeit ab, denn keine zwei vermutlich-fortsetzbaren Hypothesen stehen im Gegensatz zueinander. Andererseits ist eine Hypothese nur dann nicht-fortsetzbar, wenn sie zu einer anderen, etwa gleich gut verankerten im Gegensatz steht;

und manche solche Gegensätze lassen sich auflösen, wenn wir unsere Behandlung der Fortsetzbarkeit auf vermutlich nicht-fortsetzbare Hypothesen ausdehnen. Der anfängliche Fortsetzbarkeitsgrad ist zwar bei gegensätzlichen nicht-fortsetzbaren Hypothesen etwa gleich, aber die Fortsetzbarkeitsgrade können sich später doch genügend unterscheiden, um eine Entscheidung zu ermöglichen. Mit anderen Worten: zwar verdrängt keine der Hypothesen die andere, aber sie kann doch *mehr Gewicht* haben; und vermutlich nicht-fortsetzbare Hypothesen, die dergestalt ihre Konkurrenten überflügeln, werden fortsetzbar. Dann entsteht die Frage, welche Gesamt-Fortsetzbarkeit eine solche Hypothese im Vergleich zu einer vermutlich-fortsetzbaren mit einem geringeren Fortsetzbarkeitsgrad hat; doch auch hier ist, da zwei solche Hypothesen nie im Gegensatz zueinander stehen, ein einheitliches Maß der Gesamt-Fortsetzbarkeit[22], so wertvoll es sein mag, nicht für die Auflösung eines Gegensatzes vonnöten.

In einigen Fällen können freilich sowohl die Fortsetzbarkeitsgrade als auch deren Anfangswerte bei gegensätzlichen vermutlich-fortsetzbaren Hypothesen übereinstimmen, so daß weitere Daten – ein »experimentum crucis« – gebraucht werden. Manchmal können solche gegensätzlichen Hypothesen, obwohl vermutlich nicht-fortsetzbar, sehr gut verankert sein. Da positive Oberhypothesen den Fortsetzbarkeitsgrad einer Hypothese zwar erhöhen, aber

22 Mit »Fortsetzbarkeitsgrad« meine ich weiter das auf die oben skizzierte Weise berechnete Maß, nicht das hier erwähnte, aber nicht definierte Gesamtmaß der Fortsetzbarkeit.

nicht erniedrigen können, könnte man annehmen, eine Hypothese mit einem hohen anfänglichen Fortsetzbarkeitsgrad müsse auch danach einen hohen Fortsetzbarkeitsgrad haben. Doch wir haben noch nicht berücksichtigt, daß die Fortsetzbarkeit einer Hypothese oft durch zusätzliche Information sinken statt steigen kann. Wenn jeder untersuchte Sackinhalt aus dem Stapel S gemischtfarbig ist, dann wird dadurch offenbar die Fortsetzbarkeit von H_9

Alle Murmeln im Sack B sind rot

verringert. Die Daten für M

Jeder Sackinhalt in S ist gemischtfarbig

verringern die Glaubwürdigkeit, die sich von den positiven auf die ungeprüften Fälle von H_9 überträgt. Nun ist zwar das Vorprädikat von M ein Vorfahr-Prädikat des Vorprädikats von H_9, doch das Nachprädikat von M ist kein Vorfahr-Prädikat des Nachprädikats von H_9. Statt dessen ist das Nachprädikat von M *komplementär* zu einem Vorfahr-Prädikat des Nachprädikats von H_9: »gemischtfarbig« trifft auf genau die Sackinhalte in S zu, auf die »einfarbig« nicht zutrifft. Daher kann man M, obwohl es syntaktisch positiv ist, eine negative Oberhypothese zu H_9 nennen. Die Wirksamkeitskriterien sind für negative Oberhypothesen die gleichen wie für positive; und die Fortsetzbarkeit einer Hypothese wird durch wirksame negative Oberhypothesen gesenkt, ganz wie sie durch wirksame positive gehoben wird. Demnach können, auch wenn die konkurrierenden nicht-fortsetzbaren Hypothesen im gleichen Maße gut verankert sind, die abträglichen Wirkungen negativer Oberhypothesen auf sie sehr unter-

schiedlich sein, und die sich ergebenden Fortsetzbarkeitsgrade können sich so stark unterscheiden, daß eine Hypothese eindeutig das Übergewicht über die andere gewinnt.

Natürlich können niemals M und die positive Oberhypothese G gleichzeitig wirksame Oberhypothesen sein,
denn wenn die eine gestützt ist, ist die andere widerlegt.
Doch wenn im Stapel S einige Sackinhalte einfarbig und
andere gemischtfarbig sind, dann kann offenbar die Fortsetzbarkeit von H_9 erhöht oder erniedrigt werden, je
nachdem, ob die Fälle der einen oder der anderen Art
überwiegen. Diese gemischten Daten wirken sich aus über
eine statistische Oberhypothese des Inhalts, daß die meisten oder ein gewisser Prozentsatz der Sackinhalte in S
gleichfarbig (oder gemischtfarbig) sind. Die Wirkung einer
solchen Oberhypothese hängt wie sonst von ihrer Fortsetzbarkeit ab. Was also bisher über die Fortsetzbarkeit
einer einfachen Allaussage als Hypothese gesagt worden
ist, muß einmal auf statistische Hypothesen ausgedehnt
werden. Wie das zu geschehen hat, ist zwar in allgemeinen
Zügen durchaus klar, doch die Einzelheiten sind zu kompliziert, als daß sie hier behandelt werden könnten. Ich
werde also bei der für Demonstrationszwecke bequemen
Fiktion bleiben, daß nur Allaussagen als Hypothesen in
Frage kommen.

Übrigens kamen bei der ausschließlichen Beschäftigung mit
vermutlich-fortsetzbaren Hypothesen keine negativen
Oberhypothesen ins Spiel; denn da eine Hypothese zu
jeder ihrer negativen Oberhypothesen im Gegensatz steht,
können nicht beide vermutlich-fortsetzbar sein. Entweder
sind sie verschieden gut verankert, indem die eine die
andere verdrängt und sie damit unfortsetzbar macht, oder

beide sind gleich gut verankert, und dann sind beide vermutlich nicht-fortsetzbar. Nur in diesem Fall, und wenn vermutlich nicht-fortsetzbare Hypothesen in die Betrachtung einbezogen werden, müssen negative Oberhypothesen als solche ausdrücklich berücksichtigt werden.

Man könnte sich über den Nutzen und die Folgen einer noch weiteren Ausdehnung der Betrachtung Gedanken machen: auf Hypothesen, die zwar gestützt, unwiderlegt und nicht ausgeschöpft sind, aber unfortsetzbar, da verdrängt. Doch dem möchte ich hier nicht nachgehen. Der Komplikationen sind bereits so viele, daß sie kaum zu bewältigen sind; der Grad der Fortsetzbarkeit einer Hypothese hängt von zahlreichen positiven und negativen Oberhypothesen mit verschiedener Fortsetzbarkeit, Spezifizität und Stützung durch Daten ab.

Die Bestimmung der Fortsetzbarkeit einer Hypothese, die ganz methodisch alle diese Faktoren berücksichtigt, könnte eine abschreckende Aufgabe sein; doch in der Praxis braucht man nur selten alle diese Schritte zu durchlaufen. Hat man zwei gegensätzliche Hypothesen tatsächlich im Sinn, so weiß man gewöhnlich recht gut, was man braucht, damit ihre Fortsetzbarkeit in erheblichem Maße unterschiedlich wird. Die jetzige Untersuchung soll auch kein Verfahren beschreiben oder vorschreiben. Wir haben uns hier um Definitionen, nicht um Beschreibungen bemüht, um Theorie und nicht Praxis. Die Ergebnisse sind freilich kompliziert, unvollständig und oft nur vorläufig, sie sind weit von einer umfassenden und endgültigen Theorie entfernt. Ich habe lediglich einige der Möglichkeiten untersucht, die uns ein neuer Ansatz bei der Behandlung eines schwierigen Problems bietet. Wenn Sie mehr erwartet

haben, darf ich Sie dann an den Titel dieses Vortrags
erinnern?

4.6 Überblick und Ausblick

Wenn ich also auch nur einigermaßen recht habe, sind
die Gründe der induktiven Gültigkeit in unserem Gebrauch
der Sprache zu suchen. Eine berechtigte Voraussage ist
zugegebenermaßen eine, die mit bisherigen Regelmäßigkeiten im Beobachteten übereinstimmt; doch es bestand
immer die Schwierigkeit, anzugeben, worin eine solche
Übereinstimmung besteht. Ich habe hier den Gedanken
entwickelt, daß sie von unserem Gebrauch der Sprache
abhängt. Die Grenze zwischen berechtigten und unberechtigten Voraussagen (oder Induktionen oder Fortsetzungen)
richtet sich also danach, wie die Welt sprachlich beschrieben und vorausgesagt wurde und wird.
Sie erinnern sich, daß wir bei der Untersuchung mehrerer
miteinander zusammenhängender Probleme festgestellt
haben, daß sich einige von ihnen faktisch auf das Problem
der Fortsetzung zurückführen lassen. Wenn wir nun eine
Möglichkeit zur Behandlung dieses Problems gefunden
haben, so betrifft das nicht nur eine vernachlässigte Seite
der Bestätigungstheorie und damit der ständigen Restfrage
bezüglich der Induktion, sondern wir haben auch eine
Möglichkeit zur Behandlung des Problems der Dispositionen und der möglichen Gegenstände gefunden.
Eine Theorie der Fortsetzbarkeit oder Gesetzesartigkeit
beseitigt auch eines der Hindernisse für eine befriedigende
Behandlung der irrealen Bedingungssätze; doch wie wir

sahen, hat dieses Problem auch noch seine eigenen Schwierigkeiten. Aber vielleicht kann ein weiterer Gedanke hier
etwas weiterhelfen. Weiter oben sagte ich, die Falschheit
eines irrealen Bedingungssatzes[23] wie V:

> Wenn (auch) dieser Pfennig am 8. Mai 1945 in meine
> Hosentasche gesteckt worden wäre, dann wäre (auch)
> er am 8. Mai 1945 aus Silber gewesen

ergebe sich daraus, daß der benötigte allgemeine Grundsatz P

> Alle Münzen, die ich am 8. Mai 1945 in meine Hosen-
> tasche gesteckt habe, waren am 8. Mai 1945 aus
> Silber

zwar wahr, aber nicht gesetzesartig ist. Doch diese Analyse
ist unvollständig. Denn angenommen, die Umstände seien
so, daß P gesetzesartig wird, etwa indem wir die Münzen
untersucht hätten, die viele verschiedene Leute an vielen
verschiedenen Tagen in ihre Taschen gesteckt haben, und
gefunden hätten, daß jede solche Münzenmenge aus dem
gleichen Material bestand, und es seien noch viele weitere
dafür sprechende Daten vorhanden. Dadurch würde P gesetzesartig, würde aber das nach wie vor falsche V immer
noch nicht begründen. Auch ein wahres Gesetz kann
manchmal einen irrealen Bedingungssatz nicht begründen.
Das erklärt sich, so scheint mir, daraus, daß der im Gegensatz stehende halbreale Bedingungssatz

---

23 Das Beispiel aus Abschnitt 1.3 ist hier zur Beseitigung gewisser
Unklarheiten etwas verändert worden.

Wenn (auch) dieser Pfennig am 8. Mai 1945 in meine
Hosentasche gesteckt worden wäre, wäre er am
8. Mai 1945 immer noch aus Kupfer gewesen

hier gleichzeitig durch das viel stärkere Gesetz

Münzen bestehen weiter aus dem gleichen Material,
auch wenn sie an einen anderen Ort gebracht werden

begründet wird. Der irreale Bedingungssatz V scheitert
nicht daran, daß es kein ihn begründendes Gesetz gäbe,
sondern daß er im Gegensatz zu einem Bedingungssatz
steht, auf den man mehr gibt. Die richtige Deutung eines
irrealen Bedingungssatzes scheint also die Berücksichtigung
von Gegensätzen zwischen ihm und anderen Bedingungssätzen und die Aufstellung von Grundsätzen zur Auflösung dieser Gegensätze zu erfordern. Auf solche Weise
könnte man wohl durchaus die Falschheit eines irrealen
Bedingungssatzes wie

Wenn dieses Streichholz angestrichen worden wäre,
wäre es nicht trocken gewesen

begründen und auch die hartnäckigsten noch verbliebenen
Probleme der irrealen Bedingungssätze lösen.
Unsere Behandlung der Fortsetzbarkeit erweckt noch weitere Hoffnungen. Sie könnte eine Handhabe liefern,
»eigentliche« von bloß »künstlichen« Gattungen zu unterscheiden, oder eigentlichere von weniger eigentlichen, und
damit alltags-sprachliche Aussagen zu deuten, daß bestimmte Gegenstände gleichartig seien oder nicht seien oder
einander ähnlicher seien als andere. Denn die Verankerung
von Klassen dürfte jedenfalls ein Maß für ihre Eigent-

lichkeit sein; grob gesprochen, sind zwei Gegenstände desto ähnlicher, ein je spezifischeres und besser verankertes Prädikat es gibt, das auf beide zutrifft. Eine brauchbare Theorie der Gattungen dürfte wiederum Licht auf einige schwierige Fragen bezüglich der Einfachheit von Ideen, Gesetzen und Theorien werfen. Sie könnte auch auf eine Lösung des Problems der Zufälligkeit hinweisen; denn jedenfalls in einem wichtigen Sinne sind die geprüften Fälle einer Hypothese desto weniger zufällig gestreut, je ähnlicher sie einander sind – das heißt, grob gesprochen, ein je spezifischeres und besser verankertes Prädikat es gibt, das auf alle zutrifft. Ich möchte das veranschaulichen an zwei verschiedenen Datenmengen für die Hypothese, daß jeder Sackinhalt in Stapel S einfarbig ist: einmal lauter Säcke aus der obersten Schicht von S; zum anderen Säcke aus verschiedenen Schichten, aus den Außen- und Innenbezirken des Stapels usw. Das Prädikat »aus der obersten Schicht von S«, das auf jeden Sackinhalt aus der ersten, weniger zufällig gestreuten Menge zutrifft, besitzt mehr (ererbte) Verankerung als jedes ebenso enge oder spezifische Prädikat, das auf alles in der zweiten, mehr zufällig gestreuten Menge zutrifft.

Doch keine dieser Spekulationen sollte als eine Lösung angesehen werden. Ich biete keine einfache und automatische Methode an, um alle oder auch nur eines dieser Probleme zu lösen. Wie weit es von einem aussichtsreichen Gedanken bis zu einer haltbaren Theorie ist, das hat sich sehr deutlich an den Komplikationen gezeigt, mit denen wir bei der Entwicklung unseres Gedankens bezüglich der Fortsetzbarkeit fertig werden mußten; und selbst diese Aufgabe ist noch nicht in allen Einzelheiten gelöst.

Ich kann Ihre freundliche Aufmerksamkeit nicht mit der tröstlichen Versicherung belohnen, daß alles geleistet sei, oder mit der vielleicht kaum weniger tröstlichen Versicherung, es sei gar nichts zu machen. Ich habe lediglich eine nicht ganz bekannte Möglichkeit der Lösung einiger nur allzu bekannter Probleme untersucht.

Theorie

Herausgegeben von
Jürgen Habermas, Dieter Henrich und Jacob Taubes
Redaktion Karl Markus Michel

III. Theorie der Wissenschaften

*Im Zusammenhang mit moderner Logik und Bedeutungstheorie
hat die Analyse wissenschaftlicher Erkenntnisverfahren zu theoretischen Konzeptionen größter Allgemeinheit geführt, unter
anderem bei Peirce, Carnap, Popper und Morris. Im Anschluß
an sie ist unter dem Namen ›Wissenschaftstheorie‹ (philosophy
of science) eine neue Disziplin entstanden, die das Verständnis
einzelwissenschaftlicher Methoden schnell differenziert hat. Aufgrund einer Orientierung durch Methodologie konnte auch die
Wissenschaftsgeschichte die Epochen und Wandlungen der Wissenschaft angemessener analysieren.
Die »Theorie« publiziert grundlegende Texte und wichtige neue
Arbeiten aus diesen Gebieten. Bände mit Aufsätzen aus Kontroversen und über Probleme allgemeineren Interesses sollen folgen,
– etwa über ›theoretische Begriffsbildung‹, den Strukturbegriff,
operationale Semantik.*

Bernstein, Richard J.
Praxis und Handeln. Aus dem Englischen von R. und R. Wig-
gershaus. 1975

Danto, Arthur C.
Analytische Philosophie der Geschichte. Aus dem Englischen von
Jürgen Behrens. 1974

Dilthey, Wilhelm
Der Aufbau der geschichtlichen Welt in den Geisteswissenschaf-
ten. Einleitung von Manfred Riedel. 1970

Foucault, Michel
Archäologie des Wissens. Aus dem Französischen von Ulrich Köppen. 1973

Kambartel, Friedrich
Erfahrung und Struktur. Bausteine zu einer Kritik des Empirismus und Formalismus. 1968

Lorenz, Kuno
Elemente der Sprachkritik. Eine Alternative zum Dogmatismus und Skeptizismus in der Analytischen Philosophie. 1970

Morris, Charles W.
Zeichen Wert Ästhetik. Eingeleitet, herausgegeben und übersetzt von Achim Eschbach. 1975

Odgen, C. K./I. A. Richards
Die Bedeutung der Bedeutung (The Meaning of Meaning) Eine Untersuchung über den Einfluß der Sprache auf das Denken und über die Wissenschaft des Symbolismus. Aus dem Englischen von Gert H. Müller. 1974

Schnädelbach, Herbert
Erfahrung, Begründung und Reflexion. Versuch über den Positivismus. 1971

Schütz, Alfred
Das Problem der Relevanz. Herausgegeben und erläutert von Richard M. Zaner. Einleitung von Thomas Luckmann. 1971

Sebag, Lucien
Marxismus und Strukturalismus. Aus dem Französischen von Hans Naumann. 1967

Theorie-Diskussion

Der öffentliche Austrag von wissenschaftlichen Kontroversen ist in Deutschland noch immer nicht so wie in Frankreich, England oder den USA zu einem Konstituens der wissenschaftlichen Erkenntnis geworden; theoretische Diskussionen finden bei uns – wenn überhaupt – eher in geschlossener akademischer Gesellschaft statt als in einer offenen Forschungs- und Diskussionsgemeinschaft der Wissenschaftler.

Die »Theorie« will mit ihrer Subreihe »Theorie-Diskussion« ein Forum für aktuelle Diskussionen schaffen. Es sollen nicht nur bereits stattgefundene theoretische Kontroversen dokumentiert (oder aus dem Ausland importiert), sondern vor allem auch neue angeregt und ausgetragen werden. Außerdem soll die Herausgabe von Theorie-Diskussionsheften die Möglichkeit schaffen, die in einem Diskussionsband geführte Kontroverse fortzusetzen und auf andere Teilnehmer auszudehnen, also den theoretischen Disput zwischen zwei oder mehreren Partnern gewissermaßen zu sozialisieren.

Theorie-Diskussion. Supplement 1
Theorie der Gesellschaft oder Sozialtechnologie. Beiträge zur Habermas-Luhmann-Diskussion. Herausgegeben von Franz Maciejewski. 1973

Theorie-Diskussion. Supplement 2
Theorie der Gesellschaft oder Sozialtechnologie. Neue Beiträge zur Habermas-Luhmann-Diskussion. Herausgegeben von Franz Maciejewski. 1974

Theorie-Diskussion. Supplement 3
Theorie der Gesellschaft oder Sozialtechnologie. Hans Joachim Giegel, System und Krise. Kritik der Luhmannschen Gesellschaftstheorie. Beitrag zur Habermas-Luhmann-Diskussion. 1975